O QUE fazer quando seus filhos tomam decisões ERRADAS ou ARRISCADAS

O QUE fazer quando seus filhos tomam decisões ERRADAS ou ARRISCADAS

BRENDA GARRISON
COM KATIE GARRISON

Tradução de Marcelo Buenayre

1 edição . Rio de Janeiro

Título original: *Love No Matter What*

Copyright © 2013 Brenda Garrison
Edição original por Thomas Nelson, Inc. Todos os direitos reservados.
Copyright da tradução © Thomas Nelson Brasil, 2013

PUBLISHER	Omar de Souza
EDITOR RESPONSÁVEL	Samuel Coto
PRODUÇÃO	Thalita Aragão Ramalho
PRODUÇÃO EDITORIAL	Anna Beatriz Seilhe
TRADUÇÃO	Marcelo Buenayre
COPIDESQUE	Thiago Braz
REVISÃO	Clarisse Cintra
CAPA	Marília Bruno
DIAGRAMAÇÃO	Leandro Collares (Selênia Serviços)

Todas as citações bíblicas foram extraídas da Nova Versão Internacional.
Outras versões, quando usadas, estão indicadas conforme
estas legendas: ACF: Almeida Corrigida e Revisada Fiel;
e NTLH: Nova Tradução na Linguagem de Hoje.

CIP-BRASIL. CATALOGAÇÃO NA FONTE
SINDICATO NACIONAL DOS EDITORES DE LIVROS, RJ

G225o   Garrison, Brenda, 1959-
       O que fazer quando seus filhos tomam decisões erradas ou arriscadas / Brenda Garrison com Katie Garrison; tradução Marcelo Buenayre. - 1. ed. - Rio de Janeiro : Thomas Nelson Brasil, 2014.
       168 p. : il.
       Tradução de: Love no matter what
       ISBN 978-85-7860-497-4

       1. Relações humanas — Aspectos religiosos — Cristianismo. I. Título.

14-08283   CDD: 158.2
                                        CDU: 316.47

Thomas Nelson Brasil é uma marca licenciada à Vida Melhor Editora S.A.
Todos os direitos reservados à Vida Melhor Editora S.A.
Rua Nova Jerusalém, 345 – Bonsucesso
Rio de Janeiro – RJ – CEP 21402-325
Tel.: (21) 3882-8200 – Fax: (21) 3882-8212 / 3882-8313
www.thomasnelson.com.br

Para a minha filha Katie:
Obrigada pela sua paciência e pelo seu amor na nossa jornada.

SUMÁRIO

Introdução 11

Capítulo 1
Quem é você e o que fez com o meu filho? 15
As decisões que os pais não querem tomar

Capítulo 2
Do que estamos falando? 27
Tipos de decisões que não nos agradam

Capítulo 3
Nem tudo tem a ver com você............................... 41
Tire o seu ego do caminho

Capítulo 4
O que estou fazendo errado? 51
Erros comuns que os pais cometem

Capítulo 5
O que é seu e o que não é 65
A verdade sobre a culpa dos pais e as mentiras do inimigo

Capítulo 6
Eles acham que você é Deus
(não de verdade, mas é quase isso!) 77
Como mostrar o verdadeiro Deus ao seu filho

Capítulo 7
Então, é assim que uma mãe legal age 91
*Formas práticas de construir um relacionamento
duradouro com os seus filhos*

Capítulo 8
A curva de aprendizado 107
Como dar ao seu filho espaço para crescer

Capítulo 9
Todo mundo conversa 121
Saiba com quem e o que compartilhar

Capítulo 10
Final feliz 133
Como escrever o resto da história e gostar dela

Apêndice
O resto das histórias deles 143
Como os jovens e os seus pais estão hoje

Perguntas para reflexão e discussão 147

Fontes 161

Muito obrigada ao meu marido, Gene, e às nossas filhas — Katie, Kelsey e Kerry — pelo constante incentivo, apoio e amor.

Obrigada ao meu agente, Kyle Olund, que me incentivou durante todo esse processo, e por esperar pacientemente até o momento certo para que eu pudesse escrever este livro.

Um agradecimento especial às famílias e aos filhos adultos que dividiram as suas histórias comigo. Sem vocês, este livro não seria possível.

INTRODUÇÃO

Gosto muito de ver os resultados dos meus esforços. Gosto de ver uma lavanderia vazia no fim de um dia lavando roupa. Gosto de perder peso graças a uma dieta balanceada e a prática de exercícios. Gosto de olhar o rosto da minha família quando preparo um jantar delicioso. Então, como mãe, achei que se continuasse fazendo todas as coisas corretas que sabia, veria os resultados corretos: as minhas três filhas acompanhando o Senhor e tomando (na maioria dos casos) boas decisões.

Assim que me tornei mãe, ouvi com atenção os conselhos de especialistas cristãos sobre como lidar com as minhas filhas em relação a tudo, da mídia à diversão, das amizades à devoção. Achei que fosse algo certo: se eu fizesse tudo corretamente, as minhas filhas ficariam bem. O meu pensamento em busca de resultados se traduziu em ensiná-las que "A + B = C". A e B representando bons conselhos de como criar os seus filhos e C, uma criança perfeita. Porém, uma coisa que não me lembro de ter ouvido é que às vezes os nossos esforços não produzem os resultados desejados. Quando ficou evidente para o meu marido, Gene, e para mim que a nossa filha mais velha, Katie, ia escolher o seu próprio caminho — que não estava de acordo com o de Deus —, nos perguntamos o que tínhamos feito de errado. Na verdade, eu me fiz essa pergunta. Gene, por ser muito mais sábio, sabia que tínhamos feito o melhor possível.

Entendam que o nosso melhor possível está longe de ser perfeito. Para Katie, ser a filha mais velha de pais inexperientes significou muitos testes e erros na sua criação. Ela foi um bebê inquieto desde as primeiras semanas. Até as mães mais velhas e experientes que conhecíamos não sabiam como fazê-la feliz. Enquanto Katie crescia, aumentava também a frequência com que nos desafiava. Pedir-lhe para fazer algo não a motivava o suficiente. Tinha que ser importante para ela e, mesmo assim, o fazia no seu próprio ritmo. Ela sempre foi muito determinada. Gene e eu não entendíamos esse tipo de personalidade e não sabíamos como criá-la. Era como se nós e a nossa filha estivéssemos falando em dois idiomas diferentes.

Minha estratégia "A + B = C" naufragava com cada decisão que Katie tomava e que não concordávamos. Ela não se importava com o modo como a criávamos. Ela queria fazer do jeito dela e ponto final.

Quando Katie soltou uma bomba sobre nós, desferiu o golpe derradeiro na minha estratégia. Percebi, então, que a equação das nossas vidas nunca seria "A + B = C" e que a única fórmula que precisava era uma que mostrasse à minha filha que eu a amava acima de tudo. Aprendi muito nos últimos sete anos, e tentarei compartilhar isso com vocês da melhor maneira possível.

Katie e eu aprendemos a fazer essa jornada juntas. Um dos meus maiores deleites foi quando ela concordou em adicionar as suas perspectivas a este livro. Ainda não concordamos em algumas questões de fé e política, ou no fato de o nosso gato precisar de uma companheira, mas temos uma relação saudável e honesta. Somos as maiores fãs uma da outra. Acho que você vai encontrar palavras encorajadoras nos comentários e ideias dela, pois ela mostra um pouco como é a cabeça e o coração do seu filho.

Uma história que continua sendo uma fonte constante de ajuda e encorajamento é a do pai do filho pródigo na parábola que Jesus conta em Lucas 15. Aprendi muito com esse exemplo, que mostra um amor constante sem ser muito rígido nem muito indulgente. Espero que você também ache esse exemplo útil.

Os primeiros cinco capítulos deste livro ajudam os pais a verem em que fase estão e como chegaram nela. A segunda metade do livro ajuda os pais a construir relacionamentos saudáveis com os seus filhos. Do capítulo 6 ao 10, você decide se está disposta a fazer mudanças no relacionamento com os seus filhos. Nenhuma das informações neste livro será útil se você não estiver disposta a fazer isso. As verdadeiras mudanças na vida só acontecem quando ouvimos e obedecemos a Deus. As minhas palavras não valem muito mais do que o papel no qual estão impressas, então peço que você leia e estude as Escrituras citadas. Ore e veja como Deus fala com você e como ele age na sua vida. Então coopere: confie em Deus porque ele só quer o melhor para você e para o seu filho.

Como a nossa história não é tão desesperadora quanto a de muitas famílias, conversei com muitos pais e alguns jovens sobre as suas experiências, e irei compartilhá-las aqui. Abaixo, faço uma apresentação das famílias (em ordem alfabética) com as quais vamos seguir essa jornada.

AARON, filho de Julie e Marty — desistiu da faculdade sem contar aos pais.

ALLISON, filha de Donna e Bob — se casou com um homem que os pais não aprovavam.

ANDREA, filha de Cynthia e Frank — quando estava na faculdade, ela anunciou à sua família que era homossexual.

ANDREW — nervoso, solitário e sem figura paterna na sua vida, acabou em um reformatório por causa das escolhas que fez.

BRENNAN, filho de Deb — as más escolhas o levaram às drogas, à prisão por dirigir embriagado e a duas passagens na cadeia.

DAVID, filho de Jan e George — lutou contra a depressão e contra o uso de álcool e de drogas.

GRACE — estava na faculdade quando arrumou um namorado que os pais não aprovavam, e foi morar com ele.

GREG, filho de Lisa e James — tem problemas de autoestima que o levaram ao abuso de substâncias ilícitas e a uma atitude desrespeitosa, especialmente em relação ao pai.

ISAAC — usava e vendia drogas.

JEREMY, filho de Connie e Robert — fumava maconha com os amigos e não via nenhum problema nisso.

KEITH — os pais não concordavam com a carreira que ele escolheu.

NATHAN, filho de Susan e Gary — começou a beber no colégio e o seu abuso de álcool foi crescendo por toda a sua vida adulta.

Não importa a gravidade das decisões dos nossos filhos — ser missionário do outro lado do mundo ou traficante de drogas —, pois as nossas respostas podem colocar mais tijolos no muro que nos divide ou mais tijolos na ponte que nos une. Oro para que pelo menos uma das histórias a encoraje e a ajude a mostrar aos seus filhos que o importante, acima de tudo, é o amor.

CAPÍTULO 1
QUEM É VOCÊ E O QUE FEZ COM O MEU FILHO?

As decisões que os pais não querem tomar

"Como você sabia que podia ir na casa dos seus pais sem ouvi-los dizer: 'Eu não avisei?'" Fiz essa pergunta a uma amiga de uns trinta anos. Ela agiu como a filha rebelde do provérbio na época que era universitária. O relacionamento dela com os pais durante esse período foi quase inexistente devido à sua raiva em relação a eles.

"Eu apenas sabia", ela respondeu confiante.

Eu apenas sabia. A sua declaração, que ficou gravada no meu coração, se tornaria o mantra da criação das minhas filhas.

***

Vários anos depois, Katie, a minha filha de 18 anos, pediu uma reunião improvisada comigo e com Gene.

"Pai, mãe, vou me mudar no próximo fim de semana", ela anunciou. Aquelas palavras me chocaram tanto que fiquei sem reação.

Os dois últimos anos tinham sido uma batalha. Todo dia, uma nova forma de rebelião contra a nossa autoridade como pais surgia e a Katie sempre ficava brava com algo. Raramente fazia o que pedíamos sem reclamar. Eu costumava dizer "Se a Katie está em casa, está uma confusão", porque ela provocava todo mundo. Além disso, era grudada nos amigos — algo normal para uma adolescente —, mas alguns eram má influência. As tensões cresceram depois de ela se formar no colégio e ela vivia como se houvesse uma nuvem negra sobre a sua cabeça.

Por fim, a sua rebeldia a fez sentir que não podia mais viver sob o nosso teto. Ela contou que tinha encontrado um apartamento. Entretanto, não era um bom momento para ela sair de casa, pois fazia menos de um ano que tinha se formado e ganhava um salário-mínimo em um emprego de meio-período enquanto começava a faculdade. Obviamente, ela não ganhava o suficiente para se sustentar, muito menos para pagar o aluguel, então por que se mudar para um apartamento não muito distante? Apesar de ter idade suficiente para morar sozinha, ela não estava em um bom estado financeiro nem emocional. A sua escolha era uma decisão com a qual não concordamos.

Ela continuou a me surpreender. "Mark e os amigos dele vêm me ajudar na mudança esse sábado", afirmou ela. Mark era o seu namorado na época. Ele se dizia cristão, mas a sua vida dizia o oposto. Era um garoto problemático que levava tudo um pouco além do limite. Muito aventureiro. Fomos avisados do que ele já tinha feito e das consequências que enfrentava. Katie não falou nada sobre eles morarem juntos, mas achávamos que Mark iria tirar vantagem da situação.

A decisão de Katie de se mudar não foi o começo dos nossos problemas — quando estava no colégio, ela decidiu algumas coisas com as quais não concordávamos —, mas nenhuma das outras parecia tão radical. Ela pediu o dinheiro que guardamos para os quatro anos de universidade para pagar as suas despesas até ser promovida. Ou seja, perto de se formar na faculdade comunitária e de seguir para o próximo passo na sua educação, ela gastaria o dinheiro enquanto esperava por um emprego de tempo integral. Apesar da possibilidade de não entregarmos o dinheiro, Gene e eu percebemos que seria irrelevante. Era hora de Katie aprender algumas lições e de a deixarmos partir — com o dinheiro da universidade.

A nossa angústia não era pela nossa filha se tornar independente (queríamos isso!), mas por ela se mudar por raiva, sem meios de se sustentar e só para conseguir satisfação imediata. E, acima de tudo, ela não ia sair de casa para ir para uma universidade, começar uma carreira ou se casar — o que apoiaríamos muito felizes. Ela se mudou por impulso, sem pensar nas consequências. Era um ato de rebeldia, resultado da raiva e da imaturidade, que destruía o plano de ela se formar na universidade e seguir uma carreira que adorava. Mark era o seu novo aliado e não confiávamos nele.

Eu não queria garotos estranhos andando pela minha casa, levando os pertences da minha filha sabe-se lá para onde, mas sou grata por Deus me alertar para ficar quieta e me lembrar que as palavras erradas faladas no calor do momento iriam destruir qualquer influência que eu ainda tinha na vida da Kate. Sentei-me em silêncio enquanto Gene pedia, com calma, mais informações sobre o plano dela. O fato de as nossas vidas nunca mais serem as mesmas entrava no meu coração. A nossa filha estava indo embora e não se importava de bater forte a porta quando saísse. Não pediu a nossa bênção nem mesmo os nossos conselhos sobre o seu plano. Apenas nos contou o que ia fazer — com ou sem a nossa ajuda. Os seus planos não estavam em discussão, apesar de tentarmos conversar com ela.

Gene e eu precisávamos responder a nossa filha de um jeito que não construíssemos muros, mas uma ponte. A resposta precisava ser sobre ela e algo que fosse realmente o melhor para ela, não sobre os nossos sentimentos, raiva ou desapontamento. Resolvemos ajudá-la. Gene calculou quantas viagens seriam necessárias para levar os seus poucos pertences — ela moraria perto de nós, uns dez minutos de distância. Nos dois dias seguintes, revisei a casa procurando itens extras — pratos, toalhas, panelas e roupa de cama. Já tínhamos tido um *motor home* para acampar. Eu guardei os itens de cozinha, cama e banho, então tínhamos o básico para o seu apartamento.

Katie sempre foi uma garota determinada. Durante toda a sua infância, lutei para saber como ser a mãe que ela precisava. Ela tem um coração terno, ama rir e tem muito talento para a arte. Gosta de fazer e de dar presentes criativos (incluindo os embrulhos). É a melhor amiga que alguém poderia pedir. É um deleite absoluto para mim.

Tenho uma vívida lembrança da sua foto no jardim de infância: Katie usando um vestido rosa com um colarinho branco dobrado. O seu cabelo ruivo encaracolado estava preso em um rabo de cavalo com fios soltos por todos os lados, como se fosse um dia quente e úmido. Na minha cabeça, aquela garotinha ainda existe e sempre será a minha Katie.

Ela é uma artista. A sua personalidade criativa faz com que seja ainda mais sensível ao que está ao seu redor, à interação dos outros com ela e às suas próprias sensações físicas. Recentemente me contou que tudo isso, junto com a frustração de não saber como expressar a sua criatividade, geralmente a levavam a sentir raiva, frustração e mau humor. As minhas respostas não a ajudavam. Eu queria consertá-la, mas ela não precisava disso. Precisava ser ouvida e entendida, depois guiada e encorajada na jornada especial que Deus criou para ela.

[Pensamentos da Katie]

Quando entrei na escola, lutava para encontrar a minha própria voz. Sou uma pessoa introvertida, e como minha mãe é extrovertida, tínhamos problemas para nos comunicar. Se eu tinha um dia ruim na escola, ia para o meu quarto, chorava ou dava patadas em todo mundo. Óbvio que essa não é a forma ideal de resolver as coisas, mas eu era jovem. A minha mãe queria falar sobre tudo e, por isso, a gente brigava. Com o passar do tempo, começamos a entender que uma não mudaria a outra, então tivemos que nos comprometer a fortalecer o nosso relacionamento.

O colégio foi ainda pior para Katie porque, como todos sabem, as garotas podem ser más. Há alguns anos, Amber, uma das amigas de Katie, contou uma história daquela época. Duas das garotas mais populares pediram que ela as seguisse até atrás do playground da escola, onde não havia ninguém. Ela foi porque queria ser aceita pelas garotas. Quando estavam fora dos olhares dos outros alunos e da professora, as garotas lhe disseram: "Ninguém gosta de você. Você não tem nenhuma amiga." Amber ficou devastada e se sentiu tão envergonhada que só contou isso para Katie quando tinham 23 anos.

Katie ficou chocada, porque as garotas tinham feito o mesmo com ela, que também não tinha contado a ninguém (nem para mim). Entretanto, o veneno dessa mentira destruiu a autoestima das duas por mais de uma década, durante alguns dos seus anos mais importantes de formação. Por isso, Katie voltava para casa com raiva e uma nuvem negra cobria a casa assim que ela entrava. A escola era uma selva e ela não sabia como nos contar isso.

No ensino médio, Katie decidiu que não queria mais ser a vítima, fez algumas más amizades, que a encorajavam a desafiar os nossos limites e regras. Esse período foi muito conturbado para todos nós. Austin, um dos seus amigos, também espalhava fofocas sobre ela. Então, quando ficava triste, ela corria para que ele a confortasse. Era como um círculo vicioso para manter a atenção de Katie voltada para ele. Gene e eu sabíamos que o menino não era boa companhia, porém, quanto mais a gente falava e colocava limites, mais ela lutava para ficar com ele.

Conseguiu se identificar? Aposto que sim. É difícil, não é? É difícil acreditar que os nossos filhos e o nosso relacionamento com eles mudam. Achamos que...

- sempre vamos conhecer os nossos filhos melhor que qualquer um.
- sempre vamos desfrutar da mesma proximidade de quando os ninávamos.
- eles nos procurarão quando estiverem magoados, como faziam quando pequenos.
- vão confiar no que falamos e não no que os outros dizem.
- a foto da criança no jardim de infância vai amadurecer tranquila e se tornar uma versão adulta de si mesma, e viveremos felizes para sempre como uma família feliz.

Por que acreditamos nisso? Por que pensamos que a nossa família será a primeira a amadurecer sem qualquer tropeção ou queda pelo caminho? Provavelmente, a maioria pensa em uma família onde todo mundo parece viver emocional ou espiritualmente de forma saudável. E talvez estejam. Se for assim, fico muito feliz por elas, de verdade. Mas para o restante de nós, por que acreditamos no conto de fadas de "felizes para sempre"?

Acho que seja porque, em parte e sem falar com alguém específico, a comunidade cristã norte-americana moderna fez uma promessa irreal para os pais. Ela é mais ou menos assim: se criarem os seus filhos exatamente como falamos, aplicando tudo que aprenderem nos sermões, na escola dominical, na rádio cristã, nos *podcasts* — e não se esqueçam de todos os livros cristãos (como este!) —, eles serão exatamente como você deseja — amarão a Deus, terão uma boa vida e, no geral, tomarão boas decisões. Se, no entanto, você cometer um erro, a promessa é nula e vazia, e vocês terão fracassado como pais.

Sei que parece ingrato e que não é o que a comunidade cristã quer dizer, mas é o que muitos pais cristãos ouvem. Sei disso porque fui uma dessas mães. Fiz tudo que podia, mas não podia fazer tudo. As minhas filhas não são perfeitas (e nem eu).

Vamos começar com a Bíblia. Abra-a em Gênesis 3:6. Comece a ler onde diz: "Quando a mulher viu que a árvore parecia agradável ao paladar, era atraente aos olhos e, além disso, desejável para dela se obter discernimento, tomou do seu fruto, comeu-o." A mulher é Eva. O seu pai é o criador de tudo — o poderoso Deus. Não sabemos exatamente qual é a idade de Eva quando isso acontece, mas é logo depois de Deus criar o ser humano. Em pouco tempo desde a sua criação, Eva faz justo o que Deus pediu que ela não fizesse. Ao fazer isso, ela traz o pecado e as suas consequências para todos os homens.

Muitos na comunidade cristã de hoje poderiam insinuar que se Deus a tivesse criado melhor, saberia o que ela faria e teria evitado aquilo. Deus sabia o que Eva iria fazer, mas mesmo assim permitiu que ela o fizesse. Eva ouviu a serpente, acreditou nas suas mentiras, duvidou da promessa de Deus, rendeu-se à luxúria e comeu a fruta. Isso faz de Deus um mau pai? Todos sabemos que não. A desobediência de Eva pegou Deus desprevenido? Não. Então por que ficamos surpresos quando os nossos filhos (ou os filhos dos outros) tomam decisões com as quais não concordamos? Por que somos tão severos com os nossos filhos ou conosco? Os filhos decidem sem que os seus pais concordem desde a Primeira Família original.

Volte a Gênesis 3 da sua Bíblia e leia um pouco mais. Veja a parte sobre os irmãos, Caim e Abel, no capítulo 4. Esses dois eram a segunda geração da mão de Deus e eles não se davam bem — tanto que Caim matou o seu irmão. Então, o ritmo do relacionamento do homem com Deus é passado de pai para filho — constantemente desobedecendo o nosso Criador e divino Pai. Mas Deus, mesmo assim, nunca esconde o rosto envergonhado. Ele entende quem somos e nos ama de uma maneira que deixa a porta aberta para uma relação com ele, sem aprovar ou aceitar o nosso pecado.

Amamos tanto os nossos filhos, mas por alguma razão eles não nos ouvem. Eles decidem no impulso e fazem tudo do jeito deles, sem que as suas decisões façam sentido para nós.

***

David também tomou decisões que os seus pais, Jan e George, não concordaram. A época do colégio foi difícil, pois David foi diagnosticado com Distúrbio do Déficit de Atenção (DDA) e começou a tomar remédios, mas o seu comportamento não melhorou. Ele ficou cada vez mais atrevido. Quando entrou no ensino médio, Jan recebeu uma ligação da mãe de um dos amigos dele. Os filhos delas estavam fumando maconha, e assim começou a série de decisões que Jan e George não conseguiam entender. As suas notas começaram a cair. David admitiu que estava deprimido e Jan o levou a um conselheiro cristão. Ele começou a tomar remédio para depressão, mas o seu comportamento ficou ainda mais estranho e agressivo.

Algumas semanas depois, David fugiu para beber e fumar maconha com os seus amigos durante a noite. Ele voltou para casa e pegou o carro dos pais — mesmo não tendo carteira de motorista — para levar os amigos até uma lanchonete. Ele bateu com o carro — um momento decisivo para todos —, mas ninguém se machucou. Jan falou: "Ele disse que o acidente piorou tudo — ele se afundou mais ainda na vergonha e na culpa."

Jan e George não tinham ideia do motivo para David se comportar assim. Eles fizeram o melhor para criá-lo em um lar cristão cheio de carinho. Foram modelos de amor, de respeito e de fé no seu casamento. A filha mais nova ia bem academicamente, social e espiritualmente. Por que David lutava dessa forma? O que eles fizeram de errado?

***

Gene e eu sentíamos o mesmo em relação à Katie. Ela parecia ter se perdido. Lidar com garotos maldosos, tomar decisões sobre os estudos e a carreira, acompanhar todo o trabalho escolar e tentar encontrar Deus em todo esse caos — era muita coisa para ela pensar.

Tomar uma decisão errada atrás da outra mostra que os nossos filhos não estão prontos nem são capazes de lidar com todo o estímulo que os cerca. Mesmo que eles pareçam adultos, os cérebros deles ainda precisam se desenvolver muito antes de conseguirem amadurecer o suficiente para tomar decisões sem impulso. De acordo com uma pesquisa do Departamento de Saúde dos Estados Unidos: "O córtex pré-frontal registra as informações de todos os sentidos e organiza pensamentos e ações para conseguir objetivos específicos." E não para por aí: diz que essa região é "uma das últimas partes do cérebro a alcançar a maturidade". A responsabilidade do córtex pré-frontal inclui "focar a atenção", "organizar pensamentos e solucionar problemas", "prever e pesar as possíveis consequências do comportamento" e "a modulação de emoções intensas". Essa parte do cérebro não está completamente desenvolvida antes dos 25 anos.[1]

Mesmo que os nossos filhos sejam mais altos do que nós, muitas vezes eles raciocinam mais como crianças do que como adultos. E isso é um desafio para nós, pais. Quando crescem, eles recebem mais liberdade e privilégios dados pela lei e pela escola; até as igrejas geralmente dão maiores responsabilidades e papéis de liderança a adolescentes que parecem ser cristãos amadurecidos. No entanto, por dentro, eles vacilam entre a infância e a idade adulta. Não temos como saber quando estão agindo a partir do cérebro infantil ou do adulto.

Acrescente a isso tudo a confusão criada pelos colegas e a possibilidade de que alguns dos seus técnicos, professores ou outros adultos nas suas vidas não sejam maduros emocional e espiritualmente — como podemos nos surpreender com as decisões tomadas pelos nossos filhos que nem sempre concordamos?

Infelizmente, a igreja não era um lugar seguro para Katie processar tudo isso. (Não estou atacando a igreja em geral; só estou falando da situação que vivemos.) Ela tinha uma boa amiga no seu grupo de jovens, mas depois que essa amiga se mudou, ela ficou com garotas que não a tratavam bem.

***

O filho de Lisa e James, Greg, também não se encaixava no seu grupo de jovens. Ele lutou contra problemas de autoestima nos primeiros anos e tinha dificuldade em se sentir parte do grupo. "Algo aconteceu com um dos meninos e ele não quis mais voltar", explicou Lisa. É impressionante como um acontecimento a alguém próximo pode fazer uma enorme diferença.

---

[1] "Maturation of the Prefrontal Cortex", Departamento de Saúde dos Estados Unidos, órgão para assuntos populacionais, última modificação em outubro de 2012, http://hhs.gov/opa/familylife/tech_assistance/etraining/adolescent_brain/Development/prefrontal_cortex/index.html.

Novamente, não estou atacando a igreja. Meu objetivo é ajudar a entender, mesmo que pouco, o que acontece com os nossos adolescentes e jovens. Essas situações desafiadoras seriam complicadas para a gente e são ainda piores para os nossos filhos, já que o cérebro deles ainda não está totalmente amadurecido. Sim, eles decidem e vão decidindo sem que concordamos com tudo, mas, geralmente, eles estão fazendo o melhor que podem dentro das circunstâncias e da sua capacidade de raciocínio.

Todavia, como os pais lutam para responder bem quando isso acontece, a igreja também luta para responder com amor quando as crianças não se encaixam no esperado molde da "criança cristã".

Em *The Last Christian Generation*, Josh McDowell declara que "líderes de várias denominações" estimam que "entre 69% e 94% dos jovens estão deixando a igreja tradicional depois de terminarem o ensino médio... e poucos estão voltando".[2] Pense no grupo de jovens da sua igreja. McDowell também cita, a partir do livro de George Barba, *Real Teens*: "Agora somente 33% da juventude religiosa faz a confirmação",[3] sugerindo que só um terço desses jovens continuará na igreja nos próximos quatro anos. Como os nossos filhos formam os grupos de juventude, devemos nos atentar para a possibilidade de que eles podem escolher participar ou não da igreja ao saírem de casa. Não estou dizendo que será assim na sua casa, mas essas estatísticas nos alertam para essa tendência nos Estados Unidos: as nossas crianças vão tomar decisões que não nos agradam.

Em Lucas 15:11-32, Jesus conta uma parábola sobre um filho que tomou decisões que não agradaram ao seu pai. Vou desenvolver essa parábola neste livro, mas por enquanto vamos considerar só o versículo 13: "Não muito tempo depois, o filho mais novo reuniu tudo o que tinha, e foi para uma região distante; e lá desperdiçou os seus bens vivendo irresponsavelmente." Às vezes os filhos fazem as malas e se mudam para um "país distante" e não sabemos o que está acontecendo com eles. Essa é a parte difícil para muitos pais. Mas quando eles são adolescentes e jovens, ainda estão em casa ou vivem perto e tomam decisões que não nos agradam. Nos encontramos sempre com

---

[2] MCDOWELL, Josh. *The Last Christian Generation*. Holiday, FL: Green Key Books, 2006. p. 13.

[3] BARNA, George. *Real Teens*. Ventura, CA: Regal Books, 2001. p. 136.

eles. Ouvimos as suas aventuras. Os vizinhos ouvem. A igreja ouve. A vida se torna ainda mais complicada.

O nosso objetivo é ser como o pai na parábola. O versículo 20 diz: "Estando ainda longe, seu pai o viu e, cheio de compaixão, correu para seu filho, e o abraçou e beijou." A frase "estando ainda longe" significa "ao longe... [insinuando] um caminho, jornada ou estrada".[4] O filho estava voltando, mas distante ainda de casa quando "o seu pai o viu". "Viu" significa "saber, ficar ciente de, perceber".[5] Lembra quando os seus filhos eram jovens? Você sempre ficava alerta, pois assim podia sentir onde eles estavam — no quarto brincando ou na sala vendo filme. Talvez estivessem muito quietos e você os encontrou desenhando na parede do banheiro. Intuição maternal. O pai na parábola mantém os sentidos em alerta para o seu filho. Ele buscava por notícias dele ou até a visão do filho voltando para casa. Então, enquanto o filho vinha caminhando, antes mesmo de ter consciência de que estava perto, o pai o viu. O seu coração estava aberto para o filho, estava pronto para a sua volta, e correu para abraçá-lo.

Os nossos corações devem estar abertos para os nossos filhos, assim podemos fazer tudo o que pudermos para benefício deles — tudo que mostre a eles que os amamos acima de tudo. Essa nem sempre será a nossa primeira reação. É difícil mostrar amor, especialmente se eles tomam decisões imorais ou com consequências legais. Enquanto seguimos nessa jornada juntos, aprendemos a nos ajustar à nossa nova realidade e falar de amor de uma forma que não encoraje ou aceite o pecado deles, mas permita que os abracemos. Caminharemos juntos através da confusão, da dor, do desapontamento, da raiva ou do embaraço para chegar a um lugar de compaixão, perdão e relacionamento com os nossos filhos.

Nos últimos dois ou três anos, conversei com pais sobre essa questão. Gostaria que pudesse ver os rostos dos que contaram as suas histórias como se eu fosse uma velha conhecida. Mais de uma vez, passei por essa experiência — conversar com convidados na minha casa, com amigos de amigos, com colegas de trabalho, com pessoas que encontro em todo lugar.

---

[4] STRONG, James. *Strong's Exhaustive Concordance of the Bible*. Iowa Falls, IA: AMG Publishers, 1986. Novo Testamento, 60 e 67.

[5] Ibid., Novo Testamento, 31.

Podemos não dividir as nossas histórias com pessoas do nosso círculo de influência, mas se tivermos a oportunidade de dividir com alguém que está seguindo a mesma jornada e está louco para contar a sua história, descobriremos que as palavras e as emoções fluem livremente. Acredito que é saudável e confortante experimentar aceitação e compreensão pelas nossas situações e filhos. É um dom que podemos dar um ao outro enquanto lutamos para saber o que fazer quando os nossos filhos erram, e por isso trabalhamos para mostrar que os amamos acima de tudo.

CAPÍTULO 2

DO QUE ESTAMOS FALANDO?

Tipos de decisões que não nos agradam

A decisão de Katie de se mudar não foi a mais inteligente, pois ela não tinha como se sustentar. O seu plano era usar o dinheiro da faculdade para pagar as contas até conseguir um emprego fixo. O seu objetivo era sair de casa e viver sozinha, por isso os obstáculos não importavam. Ela não se incomodava se as suas decisões destruiriam o plano inicial, de ficar na nossa casa — onde tinha tudo que precisava, inclusive seguro-saúde — até estar pronta para começar e terminar os seus estudos, o que a colocaria em uma boa posição para se mudar e começar a sua própria vida. Mas ela queria se mudar naquele momento e estava disposta a sacrificar tudo para conseguir.

A decisão dela não era o fim do mundo. No entanto, a nossa resposta precisava ser apropriada, não melodramática. No começo, a opinião do meu marido foi muito diferente da minha. "Na época eu estava esperando por isso, porque era difícil conviver com ela. Minha reação automática foi: Ótimo! Que alívio!", relembra Gene. O seu segundo pensamento foi mais paternal: "Eu sabia que a única forma de ajudá-la era deixar que partisse e tentasse. Não íamos convencê-la a ficar."

Eu também tive a mesma sugestão de Deus. A partir desse ponto, a vida seria a melhor professora de Katie, pois ela não nos ouviria mais — por um tempo. Seria somente ela e Deus.

Não era uma decisão imoral ou ilegal, apenas imatura. Como pais, precisamos ter um panorama geral da situação para analisar essas decisões. Vamos olhar os três tipos de decisões que os nossos filhos tomam.

Decisões que são preferências

Não sei como falar isso sem ofender alguém, então serei direta: alguns pais inventam problemas. Um filho escolhe um curso universitário diferente do que eles *gostariam*, e é o suficiente para ficarem bravos ou distantes. Outro filho escolhe uma atividade extracurricular diferente da que eles *imaginavam* (por exemplo: a jovem adolescente prefere clube de retórica ou de química em vez de ser líder de torcida, e a sua mãe, uma ex-líder de torcida, não se conforma com isso), e começam uma campanha para tentar convencê-lo.

Acredite em mim, sei por experiência própria como é a tentação de exagerar quando a minha filha escolhe algo diferente do que eu gostaria. Em meu primeiro livro, *Queen Mom*,[6] escrevi sobre a minha cabeça de mãe-monstra-controladora. Mas eu achava que estava sempre certa. Por exemplo: achava errado (ou pelo menos não era apropriado) que a minha filha, no sexto ano, usasse a sua camisa para fora da calça — em minha defesa, devo dizer que no começo dos anos 1990 era moda a camisa para dentro da calça. Claro, eu exagerei a discussão sobre isso.

A minha experiência mais memorável e dolorosa de reação exagerada foi filmada e eu mesma filmei! Todo ano, eu e as minhas filhas decoramos biscoitos de Natal. Coloquei a câmera sobre a mesa da cozinha, posicionei as meninas (dez, oito e três anos) ao redor dela e deixei gravando. Que coisa! Fico triste ao lembrar como era controladora. Queria filhas obedientes e uma experiência sem sujeira. Como decorar biscoitos de Natal sem fazer sujeira e tampouco de maneira educada e arrumada? Deveria ter sido um momento cheio de brincadeiras e risadas. A minha tensão se revelou no meu tom de voz e impaciência, pois as meninas não estavam fazendo "direito". Ainda agora, consigo me lembrar de como ficava tensa porque as coisas não aconteciam como eu queria. As minhas filhas amam essa fita, dizem que não conseguem perceber que eu estava brava, mas eu sei que estava. Sei que isso afetava o nosso dia juntas. E por quê? Porque eu não conseguia me soltar.

Você deve estar pensando: "Decoração de biscoitos de Natal não é nada comparado com as decisões que o meu filho está tomando." E

---

[6] GARRISON, Brenda. *Queen Mom: A Royal Plan for Restoring Order in Your Home*. Cincinnati: Standard Publishing, 2007.

está certa. Porém, o que quero dizer é que, se a nossa atitude diz que o único jeito possível é o nosso, estamos prejudicando o relacionamento com os nossos filhos — não importa se o assunto é biscoitos ou faculdade. Você está disposta a arriscar o relacionamento com o seu filho por causa de preferências?

***

Donna e Bob quase arriscaram a sua relação com a filha, Allison, quando ela começou a namorar Thomas, que não era o homem que eles imaginavam para ela. Eles viram muitos problemas desde o começo do namoro. Ele afirmava ser cristão, mas a sua vida não apoiava essa afirmação — o que era algo muito sério para eles. Ele tratava bem Allison, mas era possessivo. "A sua possessividade me assustava", conta Donna. Thomas trabalhava, mas não conseguiria sustentá-los. Nas reuniões na casa dos sogros, ele se sentava sozinho e não participava das conversas mesmo quando tentavam incluí-lo. Era mais do que uma timidez exagerada. O seu comportamento parecia dizer: "Não gosto de vocês e não me importa se gostam de mim." Ele só estava interessado na Allison e em alguns colegas do trabalho.

Eles contaram as suas preocupações para Allison — na verdade, eles agora acham que contaram demais. Mas ela era determinada e não escutou. Alguns meses depois, Allison e Thomas ficaram noivos e os pais dela tiveram que decidir o que fazer, pois ela estava decidida a se casar e nada do que eles falavam parecia ter qualquer efeito sobre ela.

Donna e Bob tinham feito todas as coisas "certas" que pais cristãos devem fazer — eles a criaram dentro da igreja, a ajudaram a memorizar as Escrituras, foram aos fins de semana de pureza mãe-filha e até se mudaram para que Allison pudesse frequentar uma escola cristã e evitar as influências negativas. Contudo, nada disso parecia ter tido efeito: ela queria viver do jeito dela. Em relação ao casamento, Donna conta: "Fiquei chocada por ela ter escolhido se casar com alguém que era o oposto do pai, mas não podíamos fazer nada para que ela mudasse de ideia."

Então, com um casamento para planejar, Donna e Bob sabiam que ou entravam no barco ou arriscavam perder a relação com a filha.

Decidiram tentar um relacionamento com o seu futuro genro, deram à sua filha um lindo casamento e fizeram tudo que podiam para encorajar um casamento saudável. Notem a situação: a escolha de Allison era uma questão de preferência. Bob e Donna não tinham nenhum motivo para acreditar que a segurança da sua filha estava em risco.

Agora Donna e Allison desfrutam o melhor relacionamento que já tiveram. "Sempre mostramos amor incondicional. Ela sabe que a amamos acima de tudo", conta Donna.

Uma preferência se trata apenas de escolher uma coisa e não a outra. Não é certo, errado ou besteira, mas poderia ser uma decisão diferente da que nós tomaríamos. Porém, muitos pais enxergam tais decisões como certas ou erradas, boas ou más. A chave para discernir uma preferência é ver se há algo absolutamente certo ou errado na decisão.

Outros exemplos de preferências são as muitas escolhas de "melhorias" do corpo que geralmente causam conflitos. Isso inclui cores incomuns para cabelo, piercings e tatuagens. Não sou a favor de nada disso, mas tampouco deixo que sejam obstáculos entre mim e as minhas filhas. As minhas filhas têm lindos cabelos ruivo, mas quiseram coloridos — roxo é a cor favorita. Não curto a ideia e não sei se elas sabem disso, apesar de ter mencionado uma ou duas vezes. Mas há outras questões muito mais importantes nas vidas delas que quero influenciar, por isso preferi ignorar as mechas roxas. Se fizer do cabelo roxo um problema, acabarei me tornando um pequeno ruído nas suas vidas, o que não quero ser.

Entendo que piercings e tatuagens têm consequências mais profundas — algumas até entram na categoria "insensatez". Segue a história do meu amigo e escritor Jess MacCallum, que descobriu uma maneira de lidar com a questão da tatuagem na sua família:

> Kyle, agora com vinte anos, começou a me perguntar sobre tatuagem quando tinha 16 anos e tocava numa banda de "metal". Falei que uma tatuagem era a marca de nascimento de um tolo. Isso não o convenceu, e com a sua geração insistindo nessa questão de "body art", perguntei-me se poderia usar essa questão ao meu favor, em vez de se tornar um ponto de conflito. Apesar de algumas interpretações de certas passagens do Velho Testamento que insinuam que tatuagens são uma coisa pagã, eu as via somente como expressão cultural, limitada por preferência pessoal e sentido comum. Claro,

eu poderia ter usado o velho "não debaixo do meu teto", mas até quando isso funciona se você usar o tempo todo? E isso não vai piorar a situação no momento em que eles forem embora?

Então fiz um acordo com ele: iríamos fazer a mesma tatuagem se eu pudesse escolher. E pagaria como presente de aniversário. Ele hesitou até saber que a única coisa que eu queria fazer era o brasão escocês da nossa família. Ele ficou animado, por também sentir orgulho da sua descendência. Deixei que escolhesse no ombro esquerdo ou nas costas. Escolhi uma versão negra tradicional no ombro; ele escolheu uma colorida nas costas. Foi uma situação muito marcante e até mesmo o tatuador confessou nunca ter visto nada parecido.

Enquanto ele morar comigo, as suas tatuagens serão limitadas — nada nas mãos, pescoço ou rosto; nada de decisões ou desenhos impulsivos. Recentemente, minha filha mais velha fez 18 anos. Por ter estabelecido um padrão com o seu irmão, fui obrigado a mantê-lo ou seria injusto. Então ela e a minha esposa fizeram tatuagens modestas e significativas juntas, como eu fiz com o meu filho. Acho que a minha esposa e eu estamos livres agora, pois a nossa outra filha só tem 14 anos e não gosta de tatuagens. Só quero ver o que vai estar na moda daqui a quatro anos.

Por falar nisso, quando minha mãe de 77 anos fez uma careta por causa da minha tatuagem, falei para não se preocupar; era só temporária. Não duraria mais do que uns quarenta ou cinquenta anos.

Decisões que parecem insensatez

A decisão de Katie de se mudar parecia estúpida. Ela não considerou as nossas preocupações. Era um absurdo que ela gastasse o dinheiro da faculdade para viver a poucos quilômetros em um apartamento medíocre, quando tinha tudo que poderia querer na nossa casa, mas ela estava determinada a perseverar nessa loucura.

A Bíblia define besteira como "estúpido ou tonto"[7] ou "desatento, cabeça-dura (sim, está no dicionário da Bíblia), absurdo".[8] Muitas das decisões que os nossos filhos tomam serão tolas. Todo mundo, menos eles, veem o ridículo da decisão. Provérbios 22:15 diz: "A insensatez

---

[7] STRONG, James. *Strong's Exhaustive Concordance of the Bible.* Iowa Falls, IA: AMG Publishers, 1986. Velho Testamento, 74.

[8] Ibid., Novo Testamento, 65.

está ligada ao coração da criança." Besteira, então, pode ser definida como "insensatez". Como pais de três meninas, Gene e eu passamos por muita besteira. Às vezes observamos e às vezes participamos. A besteira descrita no verso citado não é divertida, sendo sinônimo de asneira, que é definida como "falta de compreensão ou sentido... empreendimento custoso e tolo".

Precisamos nos conformar que os nossos filhos farão escolhas tolas, e que tais escolhas poderão não seguir as nossas preferências. Eles são pessoas independentes com personalidades, vontades, talentos, interesses, gostos, desgostos e assim por diante. Somos os verdadeiros tolos se esperamos que eles sempre façam as mesmas escolhas que nós ou que escolham o melhor o tempo todo.

***

Julie e Marty ficaram chocados com as besteiras do seu filho, Aaron. Ele era um "bom menino", que na maior parte do tempo fazia o que eles pediam. Mas no ensino médio ele sentiu que não se encaixava no grupo de jovens. Ia à igreja por obediência, mas não participava como os seus pais. Depois da formatura, concordou em ir para a faculdade. Julie e Marty eram abençoados financeiramente, então lhe pagaram uma boa universidade. No seu primeiro ano, Aaron desistiu de algumas matérias, e continuou a desistir de outras a cada semestre até não participar de nenhuma no último semestre. O maior problema foi ele não ter contado aos seus pais e continuar recebendo os cheques para mensalidade e despesas. Ele ficava na universidade, mas não ia às aulas. Segundo Julie, eles não perceberam o que estava acontecendo. Ele usava uma parte do dinheiro para as despesas, mas não gastou mais do que o necessário.

Aaron foi tolo ao abandonar a universidade e ao mentir para a sua família. Como muitos jovens, ele se sentia empacado. Não queria desapontar os pais, mas não sentia que a universidade era para ele. Não tinha um plano B. O seu raciocínio ainda era imaturo, o que resultou em decisões equivocadas.

Decisões que são imorais ou ilegais

Depois de uns meses no seu primeiro apartamento, Katie falou para a gente que ela e o seu namorado, Mark, iam dividir um apartamento com dois quartos. Ela jurou que não acontecia nada, mas para nós era uma decisão imoral. Mais uma vez, tivemos que encarar o dilema de querer manter a relação com a nossa filha apesar de não concordar com a sua decisão. A nossa resposta precisava ser envolvida com amor e baseada na Bíblia. Decidimos que não iríamos visitá-los no apartamento deles, mas que eles sempre seriam bem-vindos na nossa casa.

Identificar decisões morais não é tão fácil e pode ser alvo de más interpretações. Os pais precisam ser cuidadosos quando aplicam rótulos às decisões dos filhos. A maioria dos cristãos concordaria que somos o templo de Deus, como podemos ler em 1Coríntios 6:19: "Acaso não sabem que o corpo de vocês é santuário do Espírito Santo que habita em vocês, que lhes foi dado por Deus, e que vocês não são de si mesmos?" Mas o problema aparece no versículo 20: "Vocês foram comprados por alto preço. Portanto, glorifiquem a Deus com o corpo de vocês." Por isso o debate complicado de como honramos a Deus com os nossos corpos.

O consenso geral entre crentes é que fumar é errado porque mata os nossos corpos, que são o templo de Deus. E estão certos. No entanto, muitos do mesmo grupo de crentes não falam nada sobre a obesidade, que é comum não só na nossa sociedade, mas também na igreja. Doenças cardíacas são as que mais matam homens e mulheres nos Estados Unidos.[9] O Centers for Disease Controle and Prevention [Centro para Controle e Prevenção de Doenças] afirma: "Colesterol alto, pressão sanguínea alta, obesidade, diabetes, uso de tabaco, dietas pouco saudáveis, inatividade física e fumo passivo também são fatores de risco associados com doenças cardíacas."[10] A maioria, senão todos, desses fatores de risco pode ser controlada ou afetada pela forma como vivemos e cuidamos de nós mesmos. Mesmo assim, muitos crentes não cuidam dos seus corpos, nem consideram que essa negligência seja um pecado.

Há alguns anos, um casal de garotas universitárias do grupo Youth for Christ [Juventude para Cristo], da Holanda, visitou a nossa pequena cidade. Um dia, elas fizeram uma palestra para o grupo de estudos da Bíblia da nossa comunidade e contaram como a cultura cristã nos Estados Unidos é diferente da holandesa. Ficamos surpresos ao

---

[9] http://www.cdc.gov/features/heartmonth.
[10] Ibid.

descobrir que os crentes na Holanda acham que *fast food* é um pecado porque é muito ruim para os nossos corpos — o templo de Deus. O nosso grupo se encarava sem acreditar e com um pouco de vergonha. *Fast food* fazia parte da nossa vida. O que era pouco importante para uma parte do corpo de Cristo era considerado pecado por outra parte.

Como cuidar dos nossos corpos é só uma área onde nós, pais, podemos ser hipócritas na interpretação do exemplo da Bíblia sobre moralidade. Se queremos fazer um escândalo sobre o cuidado dos nossos filhos com o corpo (fumando tabaco ou maconha, consumindo álcool, fazendo sexo antes do casamento), precisamos virar a lente de aumento para nós mesmos primeiro e ter certeza de que estamos cuidando bem dos nossos templos.

Geralmente, nós, pais, elevamos a nossa base moral escondendo algumas das discrepâncias morais que temos. Só para citar algumas questões potenciais — escolhas sobre diversão, pornografia, casos extraconjugais, falta de integridade nos negócios ou na hora de pagar os impostos... A lista pode ser longa, o que prova que ninguém é perfeito. No entanto, a maioria dos adolescentes observa a nossa hipocrisia e para de ouvir os pais. Antes de os atacarmos por causa das suas escolhas imorais, devemos olhar para as nossas escolhas e limpar as nossas vidas. Então, com graça, humildade e amor, estaremos prontos para ter uma boa relação e guiar os nossos filhos.

Em Mateus 7:1-5, Jesus fala sobre a nossa tendência a querer demonstrar superioridade moral sobre outra pessoa apesar de termos os nossos defeitos. Ele diz: "Não julguem, para que vocês não sejam julgados." Aqui, "julgar" significa "decidir (moral ou judicialmente)... para condenar".[11] Jesus diz para não sermos juízes, para não julgar uma pessoa (ou as suas ações) e condená-la. Não é o nosso papel. Se queremos influenciar a vida dos nossos filhos, precisamos lembrar dos nossos próprios pecados e usar a humildade e o amor de Cristo o tempo todo (Mateus 11:29; 2Coríntios 10:1).

Sim, devemos discernir a verdade. Hebreus 5:14 diz: "Mas o alimento sólido é para os adultos, os quais, pelo exercício constante, tornaram-se aptos para discernir tanto o bem quanto o mal." Discernir o bem do mal vem da maturidade espiritual, que inclui ter um espírito humilde e aceitar o amor de Deus por nós. Não devemos ser

---

[11] STRONG. *Concordance*. Novo Testamento, 57.

críticos na nossa compreensão, e sim nos lembrar que não somos capazes de cumprir totalmente o plano de Deus para nós (Romanos 3:23). Vamos ver nos próximos capítulos os efeitos nocivos de uma atitude crítica. A partir de agora, permitamos que as nossas atitudes em relação aos nossos filhos e às suas decisões sejam temperadas pela graça e pela misericórdia de Deus.

***

A graça e a misericórdia de Deus são o que Cynthia e Frank precisavam desesperadamente, para eles e para a filha, Andrea. "Frank e eu tivemos um casamento difícil no começo. Não íamos à igreja e eu estava grávida de Andrea", conta Cynthia. Durante os primeiros seis ou sete anos de casamento, eles se separaram várias vezes, e se mudaram de casa com frequência nos primeiros cinco anos. Durante a infância de Andrea, ela teve um bom relacionamento com a mãe, mas não aconteceu o mesmo com relação ao pai. As personalidades dos dois eram parecidas e ele era, de acordo com Cynthia, uma "pessoa controladora", o que aumentava a tensão nas relações.

Quando Andrea estava na faculdade, a atitude dela em relação à sua mãe começou a mudar — tornou-se mais reservada, e, se a mãe fazia uma pergunta, ela ficava na defensiva. Em um final de semana, Cynthia a visitou na faculdade. Durante a visita, Andrea contou à mãe que era gay. O que a fez se assumir foi a mentora designada pela sua equipe de atletismo. Ela também era homossexual e conhecê-la foi o empurrão final que Andrea precisava para escolher esse estilo de vida. Elas foram morar juntas logo depois.

Naquela primeira conversa, o instinto de Cynthia foi de proteger a sua filha e resolver tudo. Ela disse: "Você vai fazer a sua mala e vir para casa essa noite." Claro que isso não aconteceu. "Voltei para casa gritando e chorando. Gritava para Deus: 'Não pode ser!'", lembra-se Cynthia. Em um momento, muitas das esperanças e sonhos de Cynthia tinham desaparecido — ela não teria genro ou netos. A partir desse ponto, a vida como ela imaginou não existiria mais. Frank e a esposa começaram a lidar com as suas próprias emoções e a pensar em como responder ao estilo de vida de Andrea — enquanto mantinham e curavam o relacionamento com ela.

***

A confusão das decisões dos nossos filhos geralmente mistura as linhas entre besteiras, questões imorais e ilegais, confundindo tudo. Certa noite, Connie e Robert voltaram para casa antes do previsto e pegaram o seu filho, Jeremy, com amigos (o que era proibido na ausência deles), fumando maconha (o que não era só contra as regras da casa, mas ilegal!). Eles mandaram os outros rapazes para as suas casas e no dia seguinte ligaram para cada um dos pais. Muitos não acreditaram que os seus filhos estavam envolvidos. Em seguida, Robert ligou para a polícia — não para que fizessem algo, mas para "amedrontar" o filho. Nas duas semanas seguintes, Robert conversou com um policial uma vez pessoalmente e duas vezes pelo telefone. Ele ouviu que um policial conversaria com o seu filho para que pensasse melhor antes de usar drogas, mas a delegacia não deu continuidade. Apesar de Jeremy ter feito uma escolha ilegal, a polícia local tratou tudo como algo que os pais deviam resolver.

O uso de drogas é ilegal, mas prender usuários de maconha nem sempre está no alto da lista de prioridades da polícia, então resta aos pais reforçar as regras. Connie e Robert aceitaram o fato de que Jeremy usava maconha regularmente. Eles continuaram a mostrar o seu amor por ele enquanto trabalhavam em um plano para lidar com essa escolha errada.

Saia do caminho de Deus

Lisa e James (do capítulo 1) se viram em uma situação que nunca esperavam: a possibilidade de o seu filho ser preso. Greg piorou depois de não encontrar o seu lugar no colégio ou no grupo de jovens. Ele se viciou em drogas e álcool. Aos 29 anos, foi preso com cocaína. O juiz deu muitas chances para ele organizar a sua vida. Depois da sua última prisão, o juiz deu mais uma chance para que ele ficasse livre sem ficha policial. Tudo que Greg precisava fazer para não ser fichado era se apresentar regularmente ao tribunal, terminar de pagar as suas multas e completar os serviços comunitários. Ele teria a oportunidade de conseguir um emprego e continuar com a sua vida.

Entretanto, Greg não se apresentou ao tribunal com a desculpa de que não recebeu o aviso (um dos muitos enviados a ele anteriormente).

Lisa e James poderiam tê-lo levado ao tribunal, mas depois de 16 anos, era hora de ele ser responsável por sua vida e suas decisões. Os seus pais deixaram que o sistema de justiça fosse o professor dele. Ninguém quer ver o seu filho perder a carteira de motorista ou ser preso, mas devemos lembrar que o nosso Pai Celestial ama os nossos filhos mais do que nós mesmos. Ele vai fazer tudo que for preciso para trazer a sua ovelha perdida de volta.

Em Lucas 15:4-7, Jesus conta a história do homem que deixa as suas 99 ovelhas pastando para procurar uma perdida. Ele explica como o homem responde quando encontra a perdida: "e vai para casa. Ao chegar, reúne seus amigos e vizinhos e diz: 'Alegrem-se comigo, pois encontrei minha ovelha perdida.' Eu lhes digo que, da mesma forma, haverá mais alegria no céu por um pecador que se arrepende do que por noventa e nove justos que não precisam arrepender-se." (v. 6-7). Percebeu que o coração de Deus quer que a sua ovelha perdida volte? Observe que a ovelha está longe das outras, sozinha. É nesse lugar solitário que o pastor a encontra e a traz de volta. Vamos falar mais sobre isso, mas comece a perceber que para muitos dos nossos filhos, esse é o "único lugar no qual eles conseguem ouvir a voz do pastor". Devem se afastar das nossas vozes — seja porque falamos muito ou porque não falamos nada — e ir para um lugar onde só ouçam a voz do pastor. Nós nos tornamos um obstáculo entre eles e Deus, então precisamos sair do caminho.

Não sabemos onde os nossos filhos vão ouvir a voz do pastor. Estamos dispostos a deixar Deus trabalhar e não tentar evitar que as mãos dele entrem nas vidas dos nossos filhos? A prisão pode ser o lugar em que Deus consegue ganhar a atenção do seu filho.

Jan e George (do capítulo 1) também deixaram o sistema legal trabalhar na vida do seu filho, David. Depois de anos difíceis no colégio e sem nenhuma mudança positiva depois do segundo ano do ensino médio, eles encontraram um acampamento cristão onde David poderia morar durante os anos escolares. Os rapazes no acampamento estudam e melhoram as suas vidas espirituais, além de construir as suas personalidades enquanto trabalham no lugar. Aceitaram David no programa e depois de várias semanas ele teve permissão para voltar para casa por alguns dias. Quando era hora de voltar, ele não queria ir. Ficou muito violento com George e com os dois avôs quando eles tentaram colocá-lo no carro. Tiveram que chamar polícia, que o levou algemado. Ele tinha duas opções: ir preso ou voltar ao acampamento — e escolheu a última opção.

Muitos pais sentem que seria muito humilhante se os vizinhos vissem a polícia na sua casa e a luta com os seus filhos, com a sua família e com a polícia, mas foi o melhor para David.

***

Vamos parar um pouco e analisar a nossa perspectiva. Falamos que os nossos filhos são o mais importante, mas são mesmo? O que vale mais: a sua reputação com os vizinhos ou o melhor para o seu filho? O que é mais importante: a aparência de normalidade ou que o seu filho consiga a ajuda que precisa?

Uma das mudanças mais difíceis para os pais amarem os seus filhos acima de tudo é ter uma perspectiva apropriada sobre o que é importante e eterno *versus* o que é aparente e desaparece em pouco tempo.

Como falei no capítulo 1, quanto mais compartilho essa questão, mais me convenço de que somos a maioria silenciosa. Acredito que há mais famílias tentando discernir como responder quando os filhos tomam decisões que desagradam do que famílias onde não parece existir nenhum problema. Estamos juntos nessa. Fecharei este capítulo com algumas palavras da Katie.

[Pensamentos da Katie]

Quando pais e filhos discordam, isso cria uma dinâmica que torna impossível para os dois lados ganhar ou até mesmo encontrar algo que faça o outro lado se sentir bem. É difícil esquecer os seus pais dizendo "você vai fracassar", mesmo quando você imagina que as decisões que tomou não iam funcionar mesmo. Quando elas dão errado, e você sabe que eles pensavam isso, a situação é ainda pior. Agora você sabe que tomou uma decisão errada e não só precisa sofrer as consequências, mas também dar o braço a torcer porque eles avisaram. Mesmo que não falem "eu avisei", você sabe que estão pensando isso.

A única coisa que os filhos precisam saber é se os seus pais concordam ou não com as suas decisões. Não precisamos de um vidente ou de outra crítica. Devem deixar que os filhos descubram como tudo vai terminar. Se não funcionar, precisaremos do seu apoio e conselho para o futuro — não um monte de ataques que nos deixem ainda pior pela nossa falta de previsão.

Apoio constante pode ser algo difícil. Sei que é duro para os meus pais olharem como eu tomo um caminho que eles não tomariam.

CAPÍTULO 3

NEM TUDO TEM A VER COM VOCÊ

Tire o seu ego do caminho

Eu não sabia como criar uma criança na minha primeira gravidez, nem pensei em ler um livro sobre isso. Tenho certeza que muitos de vocês se identificaram comigo. Quando saímos do hospital com o nosso bebê, sei que só estávamos pensando em como sobreviver nos próximos dias. Naquelas primeiras semanas, focamos no presente e em tentar dormir, se possível. Para a maioria dos pais, funcionar no dia a dia se torna a norma durante os primeiros anos escolares — fazemos o necessário e dormimos um pouco quando dá. Quando tive a minha segunda filha, o livro *O que esperar quando você está esperando*[12] chegava às livrarias. Lembro de rir enquanto a minha irmã devorava o livro durante a sua primeira gravidez. Pensei: "Se não sei agora, nunca vou aprender." Mas o que eu sabia? Esse livro ainda é um dos mais vendidos da Amazon na categoria de livros sobre gravidez e nascimento.

Infelizmente, as mães compram livros sobre o que esperar na gravidez e não sobre o que fazer quando os filhos chegassem ao ensino médio e tomassem decisões que os desagradam. Poucas se planejam para o pior — ou nem mesmo para isso, mas para uma variação dos seus planos, nem sempre explícitos, para os seus filhos. Elas não pensam na possibilidade de o filho não seguir o planejado, mas é isso que vai acontecer.

Elas não se permitem pensar no futuro deles. Apesar de o alarme disparar ocasionalmente, o ignoram e mantêm a porta das possibilidades futuras do filho fechada — ou é o que acham.

---

[12] EISENBERG, Arlene; HATHAWAY, Sandee; MURKOFF, Heidi. *O que esperar quando você está esperando*. Rio de Janeiro: Record, 2004.

Então, chegou o dia. O filho destrancou essa porta e olhou cenários inesperados, decidindo qual irá experimentar primeiro. Contudo, como ela nunca considerou que ele explorasse o que está atrás dessa porta, está despreparada para as escolhas dele.

Por causa do seu despreparo, as suas reações às decisões dele mostram: "Tem tudo a ver comigo!" Por isso você diz...

- como está incomodada.
- como se sente desconfortável.
- como está desapontada.
- como se sente envergonhada.
- como se sente ferida.

A realidade é que nem tudo tem a ver com você, mas com o seu filho, e você precisa tirar o seu ego do caminho. Sim, você precisa lidar com a situação de forma sábia e útil. A questão é o seu filho, ele é o centro. Ao voltar a questão para você, a distância com relação ao seu filho aumentará e as suas chances de ser ouvida diminuirão.

Os motivos errados para os pais

Quando tudo gira ao seu redor, você reage por motivos errados em vez de considerar o que é melhor para o seu filho. Os seus motivos errados poderiam incluir:

- Orgulho — quer manter intactas a sua reputação e a do seu filho.
- As suas expectativas — quer que os sonhos que tinha para o seu filho sejam realizados, porque sabe o que é melhor para ele.
- As suas necessidades — quer que tudo fique igual, assim as suas necessidades continuarão a ser satisfeitas através do relacionamento com o seu filho.
- Egoísmo — você quer cuidar dele da mesma forma que sempre fez. Não quer encontrar novas formas de se comunicar de maneira eficiente com ele.
- Conforto — não quer que o seu filho se aventure por caminhos desconfortáveis para você, como mãe.

Entendo esses motivos. Conheço a dor de um filho rejeitando as bênçãos que um pai tenta dar. Sei a luta de compreender e dialogar com um filho que diz: "Tenho tudo sob controle." Já passei por isso e ainda luto contra essas coisas. Como esses motivos são um padrão para todos nós, eles são confundidos com princípios de criação divinos. Falamos coisas como:

- "Sou o mais maduro aqui. Sei mais que você."
- "Já vi o que acontece com jovens que seguem os seus sonhos. Melhor não se arriscar muito."
- "Os meus pais eram cristãos e isso funcionava para eles. Vai funcionar para nós também."

Mas como somos (espero) pais maduros e devotos, devemos olhar honestamente para os nossos motivos e fazer o que for melhor para os nossos filhos mesmo que isso nos cause desconforto e dor.

O pai do filho pródigo não ligava para o que os outros estavam pensando quando deu ao jovem a sua parte da herança. Consegue imaginar dar ao seu filho uma parte da sua herança sabendo que ele não a gastaria de forma sábia? Como mencionei no capítulo 1, Katie queria uma parte do dinheiro destinado para os seus estudos para alugar um apartamento. Não, não era uma grande parte dos nossos bens, mas era uma poupança que fizemos para ajudá-la na faculdade. Para nós, os estudos são importantes e eram o que ela precisava para seguir o seu sonho de ser artista. Por que jogar fora esse sonho só para viver a uns poucos quilômetros de casa?

[Pensamentos da Katie]

Não estava jogando o meu sonho fora. Se os meus pais dissessem que achavam isso, eu teria ficado realmente ofendida. Eu só estava pensando em como avançar com a minha vida. Não queria mais viver na casa deles. Acho que, no fundo, eu sabia que conseguiria. Às vezes precisei de ajuda financeira e conselhos, mas ainda estou viva! Fui muito bem na faculdade e tive alguns empregos. Aprendi sobre erros nos relacionamentos de uma forma que não teria aprendido em casa. Não estava virando as costas para os meus pais ou desconsiderando as suas economias. Estava mostrando o meu apreço tentando viver sozinha. E, honestamente, qual jovem hoje em dia está 100% pronto, financeiramente ou em termos de maturidade, para sair da casa dos pais?

O SEU NOVO NORMAL

O nosso estresse aumenta quando tentamos olhar para uma nova situação através de velhos óculos. A nova situação — uma na qual o seu filho faz escolhas que não a agradam — exige um novo paradigma. A "vida normal" não é o mesmo que antes, mas uma diferente — não a esperada, mas uma que Deus sabia que viria. Se quiser que ela funcione bem, desfrutando e seguindo em frente com os seus filhos, ajuste o seu pensamento. Essa é a essência da vida: nunca sabemos o que vai acontecer.

Aqui está uma declaração profunda que vai ajudá-la a entender o sentido de tudo isso, e tenho certeza que você vai sublinhá-la — *as coisas são o que são*. Forte, eu sei. Mas está cheia da verdade da sua nova realidade. Não sei quantas vezes repeti isso para o meu marido em relação a alguma das decisões das nossas filhas — as coisas são o que são. E agora nós é que devemos viver com isso.

SOFRA POR NÃO TER A VIDA QUE DESEJOU

O primeiro passo é lamentar o que acha que seria a realidade para a sua família. A vida não corresponderá às suas expectativas — pelo menos por um tempo. É algo difícil de aceitar. Vamos processar tal pensamento durante essa jornada, mas agora você vai começar a aceitar isso como o novo normal e lembrar que Deus permitiu isso para o seu bem e a glória dele?

Siga em frente e lamente o que mudou e o que é agora o seu novo normal, sem problemas. Depois que a filha de Cynthia, Andrea, revelou ser homossexual, ela lamentou a perda de um futuro genro ou de netos. "Essa foi a coisa mais difícil", disse ela. Eu pude sentir a tristeza no seu coração.

Deus sabe como você se sente. Muitas vezes ele lamentou as decisões dos seus filhos. A primeira vez registrada na Bíblia foi logo antes do dilúvio. Em Gênesis 6:5-6, lemos que "O SENHOR viu que a perversidade do homem tinha aumentado na terra e que toda a inclinação dos pensamentos do seu coração era sempre e somente para o mal.

Então o Senhor arrependeu-se de ter feito o homem sobre a terra; e isso cortou-lhe o coração".

Deus sofre pelas nossas escolhas erradas. Em Juízes 10:16 está escrito: "Então eles se desfizeram dos deuses estrangeiros que havia entre eles e prestaram culto ao Senhor. E ele não pôde mais suportar o sofrimento de Israel." É inevitável que os nossos filhos tomem decisões que não nos agradarão. Deixe que você e o seu cônjuge sofram, mas depois siga em frente.

Encontre alguém para acompanhá-lo

Durante esse processo, pode ser útil conversar com alguém que passou pela mesma situação. A mãe de David, Jan, aconselha os pais a procurarem pessoas de confiança. "Você não pode contar tudo a todos", diz ela. Ore para Deus mostrar outra mãe ou casal que passou pela mesma jornada que você está enfrentando, e ele a atenderá. Lisa e James enfrentaram essa viagem com o filho durante a maior parte da vida dele, e por isso aconselham: "Encontre outros casais com quem você possa se desafogar e orar junto. Isso evitará que você se afunde."

Outros amigos que foram inestimáveis para mim são os que passaram por situações parecidas às das minhas filhas, pois foram responsáveis por me fazer sentir conforto, segurança e apoio. Eles também me presentearam com preciosidades como amor, compreensão e o não julgamento das minhas filhas. Passaram pelas mesmas coisas que elas e por isso se identificaram; ofereceram encorajamento sem julgamento.

Como acontece na maioria das mudanças da vida, o seu cônjuge pode ou não processar as decisões do seu filho no mesmo ritmo que você. Donna e Bob não lidavam com as escolhas de Allison da mesma maneira. Donna ficou tentada a culpá-lo por ele não tratar a filha da melhor forma, segundo ela. Agora que eles passaram pelos piores anos, ela percebe que "nem tudo precisa ser resolvido". Donna e Bob formam um ótimo casal, mas há algumas questões nas quais nunca vão concordar, e eles aceitam isso. Na hora da criação, escolhemos as nossas batalhas. Durante o casamento, decidimos o que era importante resolver e o que não era. Dê tempo ao outro para processar a situação como ele puder.

Aceite a sua nova vida

Enquanto você avança aceitando a sua nova realidade, percebe que a vida não será mais da maneira como imaginou. (Por que achamos que somos nós que decidimos como é uma vida normal?) Apesar de não ser o que esperávamos, é o normal que Deus tem para nós. A decisão do seu filho não surpreendeu Deus. Ele vai trabalhar isso para o bem do seu filho e a para a glória dele.

Aceitar o nosso novo normal significa que devemos reanalisar o que é importante no quadro geral. A primeira análise para o meu marido e para mim teve a ver com o dinheiro de Katie para a faculdade. Era algo importante para nós, mas não estávamos dispostos a perder ou estragar a nossa relação com ela por isso. Percebemos que ela estava determinada a viver o seu plano com ou sem o nosso apoio, e como não era um problema moral ou legal, acabou perdendo a importância.

Defina o que é importante na sua nova vida

A decisão sobre o dinheiro para a faculdade deu o tom para todas as outras decisões sobre o que era importante na vida da minha filha. Para mim, foi quando comecei a apagar algumas linhas que escrevi definindo qual era a forma correta de ela viver. Eram as minhas linhas, não as de Deus. Todos temos essas linhas. Quando os filhos as ultrapassam, devemos reconhecer que nós as desenhamos, não Deus, e então devemos decidir se vamos deixar que elas fiquem entre nós e os nossos filhos. Aqui estão algumas poucas situações que desafiam essas linhas:

- seguir outro sonho que não tenha relação com a faculdade.
- tirar um ano sabático em uma viagem missionária.
- decidir ser ministro em tempo integral e abrir mão de outra carreira.
- ter um filho fora do casamento.

Depois que falei sobre esse tópico, um casal me contou que o filho dos seus amigos era pai sem estar casado. O filho, a sua namorada e o bebê estavam construindo um lar juntos. No entanto, como não estavam casados, os pais não convidaram a namorada ou o neto para o Natal. Quanto a isso eu penso: "É mesmo? É assim que você quer começar a ser avó — ignorando o seu neto e a mãe dele?"

Agora é a hora de decidir o que é realmente importante. Deixe que isso o guie enquanto arruma o seu novo lar numa nova vida.

Na nossa situação, não era nossa vida, mas a de Katie e o seu projeto. Era tudo que importava para ela. Ela não se preocupava com o que sentíamos ou pensávamos. Se tratássemos tudo como se fosse algo nosso, só aumentaríamos a distância entre nós. Teríamos nos transformado em um problema a mais que ela resolveria em vez de influenciarmos a sua vida. Quero ser o tipo de mãe para quem as filhas ligam quando precisarem de encorajamento, conselho e amor. Não quero ser o tipo de mãe que faça com que elas se sintam obrigadas a ligar, como um dos seus deveres enquanto aguentam as minhas reclamações e broncas.

Quando o filho de Jan e George, David, tomou decisões desagradáveis para eles, Jan aprendeu que precisava mudar a sua perspectiva. Ela deixou de lado as coisas que não importavam, inclusive o seu perfeccionismo. As tentativas de atingir a perfeição não são uma fachada para cobrir quem realmente somos? Não queremos que os outros vejam como somos ou como as nossas famílias são de fato. Jan contou: "Eu tinha baixa autoestima — gosto de agradar os outros."

Ninguém é perfeito. "Pois todos pecaram e estão destituídos da glória de Deus" (Romanos 3:23). Se vamos nos dedicar totalmente a ajudar os nossos filhos e a construir uma relação com eles, precisamos seguir o exemplo de Jan — esquecer o perfeccionismo e a opinião dos outros —, focar no que é realmente importante: ajudar os nossos filhos. Quando teve que enfrentar uma nova situação ou decisão, a prova de fogo de Jan foi: "Qual a importância disso? Daqui a dois ou três anos, isso realmente vai ser importante?"

Não existem famílias perfeitas

Lutamos para nos ajustar aos nossos novos paradigmas porque estamos focados em outras famílias que achamos que são perfeitas — pais perfeitos criando filhos perfeitos. Se essas outras famílias são perfeitas, não é problema nosso. Comparar os nossos filhos, os nossos estilos de criação e as situações com outros só trará desespero. Só vemos a superfície e não temos ideia da realidade dos seus relacionamentos ou das situações.

O filho de Deb, Brennan, abusava do álcool e das drogas assim como o seu pai. Durante o tempo em que o seu filho era jovem e estava no ensino médio, Deb, na época já divorciada, tentou fazer o melhor para ele. Ela alerta contra as comparações: "Nós nos comparamos com os outros, achando que as outras famílias são perfeitas." Não existem famílias perfeitas. Até Jesus tinha uma família imperfeita (Marcos 3:20-21; João 7:1-9). Comparar qualquer parte da nossa situação familiar com outra família só impede o processo de se tornar a mãe que o seu filho precisa.

Lembre-se como você era quando jovem

Nesse ponto, vamos mudar o foco das decisões do seu filho para as suas. Lembre-se do seu passado. Quais decisões você tomou que não agradaram os seus pais? Não precisam ser apenas as más, mas que causaram tensão entre vocês. Agora acrescente as decisões que foram tolas, perigosas, imorais ou ilegais. Essa lista não é para condená-lo, mas para ajudá-lo a ver a vida pelos olhos dos seus filhos.

Uma coisa que o meu marido fez e que foi muito útil para a gente, durante esse período, foi trabalhar com as suas lembranças. Na maior parte da sua juventude, Gene foi criado pelos seus tios-avós. Eles forneceram um lar amoroso e estável para ele e para o seu irmão gêmeo. No entanto, como já falamos antes, nenhuma família é perfeita. Quando eles ficaram adultos e escolheram o caminho que queriam seguir, o tio-avô deles queria controlar as decisões de Gene, e deu um ultimato: ou cortava o cabelo ou perderia a promessa de receber uma boa poupança. Gene, naquela época estudante universitário, se recusou a ser controlado pela promessa de dinheiro. Saiu da casa do tio-avô no dia seguinte.

Talvez você não tenha feito isso com o seu filho. No entanto, a realidade que o seu filho percebe é essa. Ele sente que deve tomar as próprias decisões e não acha que elas sejam ruins.

***

O filho de Jan, David, lembra o que pensava durante a sua difícil jornada. "Eu respondia aos meus pais com hostilidade", ele conta. "Ainda não sei por que sempre fui assim com a minha família. Refletindo, no entanto, tenho algumas teorias. Me sentia mais seguro brigando com a minha família do que com as pessoas que não me amavam, porque sabia que os meus pais iriam me perdoar. E eu gostava de desafiá-los."

Nathan foi criado em um amoroso lar cristão, mas escolheu o seu próprio caminho, que o levou a um longo período de abuso de drogas e álcool — e o levou ao desemprego e à prisão. Ele relembra: "Eu decidi me rebelar de forma consciente, porque queria ver como era fazer o mal. Queria sentir como era usar drogas. Queria sentir como era me alcoolizar."

Você se identifica com...

- necessidade de independência?
- desejo de se livrar do controle de outra pessoa (percebido ou real)?
- desejo de desafiar?
- curiosidade em relação às drogas ou ao álcool?

Você vê alguma parte de si mesmo ou dos seus irmãos no seu filho? O que acha disso?

Talvez você ainda precise se perdoar (ou os outros) pelas suas decisões no passado. Todos nós temos algo no nosso passado que não nos orgulha. É para isso que veio Jesus — para limpar o nosso passado e torná-lo novo e melhor. Jesus viveu na terra; ele foi torturado, morto, enterrado e ressuscitou; ele ascendeu ao céu e está atualmente sentado ao lado direito do seu pai — tudo isso para fazer com que sejamos perfeitos e aceitáveis para Deus. Se você é filho de Deus, fique tranquilo, pois ele perdoa o seu passado. Agora é hora de esquecer aquilo e olhar para frente, para o que ele tem preparado para você. "Irmãos, não penso que eu mesmo já o tenha alcançado, mas uma coisa faço: esquecendo-me das coisas que ficaram para trás e avançando para as que estão adiante, prossigo para o alvo, a fim de ganhar o prêmio do chamado celestial de Deus em Cristo Jesus" (Filipenses 3:13-14).

O objetivo de revisitar o seu passado não é para que se envergonhe ou para que fique desmoralizado. O objetivo é ajudá-lo a se lembrar de onde você vem e a reconhecer tudo que Deus fez por você. Se ele trabalhou com tanta generosidade, amor e poder na sua vida, por que você acha que ele não fará o mesmo com o seu filho? A Bíblia e toda a história cristã desde então está cheia de pessoas reais que tomaram as suas próprias decisões e criaram grandes confusões. Mas Deus redimiu as suas vidas, não só por toda a eternidade, mas durante o seu tempo na terra. Deus está por nós e aqui está algo que você pode ter esquecido — ele está aqui pelos seus filhos também! Romanos 8:31-32 nos ajuda: "Que diremos, pois, diante dessas coisas? Se Deus é por nós, quem será contra nós? Aquele que não poupou a seu próprio Filho, mas o entregou por todos nós, como não nos dará juntamente com ele, e de graça, todas as coisas?" Os nossos filhos são parte desse "nós".

Agora que as emoções e pensamentos do seu passado estão frescos na sua mente, use-os (como o meu marido fez) para entender o que o seu filho está pensando ou passando. Quando Katie nos contou os seus planos, ele já sabia que parecia algo tolo. As palavras dela o transportaram de volta aos seus 19 anos: ele estava sentado em frente ao seu tio-avô na mesa da cozinha, que mostrava o saldo da poupança para ele e prometia tudo aquilo e mais um pouco. Ele só precisava cortar o cabelo.

Essa é a realidade atual do seu filho, e é o seu novo normal. Sendo verdade ou não, é a realidade na cabeça do seu filho e depende de você como vai lidar com a realidade percebida por eles. Sei que não parece justo, pois tudo em você quer convencê-lo de qualquer forma, mas não vai funcionar. Não nesse momento, pelo menos. Você tem um segundo para dar uma resposta ao seu novo normal. Esse não é o lugar para descarregar as suas emoções. Esse é o momento para estabelecer o tom da próxima fase da sua vida com o seu filho — a menos, claro, que você não queira participar dela. Seria uma postura corajosa, pois ficaria sem garantias dele querer retomar o relacionamento entre vocês depois que essa situação passar.

Sei que não é fácil. Sei que não é o que você sonhou para o seu filho, mas é assim que são as coisas. Deus permitiu isso. Você está pronto para seguir adiante e ser a mãe que o seu filho precisa, para construir um relacionamento que dure toda a vida e lhe mostre a realidade do amor de Deus?

CAPÍTULO 4
O QUE ESTOU FAZENDO ERRADO?

Erros comuns que os pais cometem

Não sei você, mas eu aprendi tanto observando pessoas que são grandes exemplos quanto com as que não. Às vezes, a melhor forma de aprender o que fazer é aprender o que *não* fazer. Este capítulo vai mostrar o que os pais *não* devem fazer quando os filhos decidem algo que eles discordam.

Como falei no capítulo 3, nós, os pais, geralmente somos pegos desprevenidos pelas decisões dos nossos filhos, então não temos uma resposta apropriada pronta. O primeiro impulso pode ser repetir o que ouvimos dos nossos pais e agir como eles. Como você já descobriu, o mais provável é que essa reação não ajude muito. Ou talvez a sua reação seja tratar as circunstâncias como uma situação de reféns e aceitar as exigências do seu alter ego mantendo o seu filho prisioneiro. Isso também não vai funcionar.

O que você está fazendo para criar uma distância entre você e o seu filho?

Os pais "servos"

Os pais "servos" tentam cortejar o filho para trazê-lo de volta, antecipando e resolvendo todos os caprichos dele. Acham que se mostrar ao filho o quanto o amam dando tudo que ele quiser, este mudará suas decisões e voltará para casa. Observo isso em muitos relacionamentos. Os pais sabem que o filho está se distanciando, então tentam se reconciliar antecipando o que ele irá querer.

[Pensamentos da Katie]

Dar ao filho tudo que ele quiser mostra que ele não precisa fazer nada para participar do relacionamento com os pais ou qualquer outra pessoa. A capacidade de comunicação dele fica perdida porque os pais não exigem nada dele. É uma equação muito simples. Você está mostrando ao seu filho que ele pode conseguir a mesma recompensa gerada em uma relação saudável sem nenhum esforço. E isso não afeta só o relacionamento pais/filho, mas os jovens levam essas expectativas aos empregos, à escola e assim por diante. Claro, o filho percebe que é amado pelos pais e tenta mostrar o mesmo amor, mas ele também vê que os pais estão desesperados e não têm coragem ou confiança para criá-lo corretamente.

Lindsay, uma das minhas amigas da escola, tinha pais assim. Ela nunca guardou nenhum dinheiro porque os seus pais lhe davam tudo que precisava. Ela não se preocupava em cuidar do carro, pois poderia trocá-lo sem problemas. Mesmo quando estava com vinte e poucos anos, a mãe dela fazia as compras, marcava os seus compromissos e pagava o empréstimo estudantil. Lindsay nunca pediu nada disso, mas recebia sempre. Essa antecipação das necessidades e dos desejos de um filho corta a comunicação e o respeito pais/filho. Lindsay não tinha habilidades de relacionamento — o que era evidente na sua amizade comigo e o seu relacionamento com o namorado. Ela parecia emocionalmente atrofiada, pois não conseguia passar além de conversas superficiais conosco.

Deve existir uma forma saudável de ajudar os filhos sem ser ultra-permissivo. Eles não conseguirão amadurecer emocionalmente se são tratados como bebês. Não confunda esse comportamento com afeto. Ser uma "mãe serva" ou "pai servo" é como ser um carcereiro. Priva o filho das habilidades necessárias para viver, que são difíceis de aprender em outro lugar.

Ser pai não tem a ver com poder, mas aos olhos dos nossos filhos sim. O que eles veem como poder sabemos ser uma questão de respeito. A nossa função é ensiná-los a respeitar a nós e a Deus. Não nos rendemos aos seus desejos. Lutamos para que nos respeitem como pais. Não sacrificamos o nosso papel, um presente de Deus, para deixá-los felizes. Não é assim que funciona. Na maioria das vezes, os problemas deles não têm a ver com o nosso modo de criação; são questões de coração. Desempenhamos um papel (e vamos falar mais disso), mas o nosso dever nunca será o de bajulá-los para que se relacionem conosco e tomem boas decisões.

Os pais "que desistem"

Esses pais são o oposto dos pais "servos". São aqueles que sabem que o filho não vai fazer o que eles querem. O raciocínio deles é: "Fizemos tudo que podíamos. Ele não vai nos ouvir." A verdade é que os pais ainda são as pessoas mais influentes na vida das crianças.

Tim e William, pastores de jovens por 16 e sete anos, respectivamente, concordam que ser uma mãe que desiste é um dos maiores erros que eles veem os pais cometerem. De acordo com Tim, uma das coisas mais inúteis que os pais fazem em relação aos filhos jovens é "não passar muito tempo os encorajando e disciplinando". William diz que os piores pais são aqueles que "não passam tempo com os filhos".

Naturalmente queremos nos afastar quando os nossos filhos ficam distantes e difíceis, mas esse é o momento em que devemos nos aproximar das suas vidas. William compartilha essa visão: "Outra coisa que os pais acham que estão fazendo bem, mas na verdade é ruim, é dar muito espaço e liberdade aos filhos, e no processo negligenciar a disciplina e a construção de um relacionamento profundo com eles." Os filhos precisam saber que os amamos acima de tudo. Uma forma de mostrar isso é se envolver nas suas vidas, especialmente quando as atitudes e as ações querem nos afastar. É difícil equilibrar o espaço necessário para uma criança amadurecer e crescer, e ao mesmo tempo ter um relacionamento saudável.

Os pais "que desistem" podem estar fisicamente presentes, mas mentalmente estão pensando nos seus interesses. William me contou sobre um garoto que lhe confessou, chorando, que a sua família não se reunia porque a sua mãe estava sempre no computador. Brigamos com os filhos por passarem muito tempo na internet, mas as nossas ações falam de forma muito mais poderosa do que as palavras.

A triste verdade que os pais não veem é que os filhos querem pais amorosos, carinhosos e participativos. A nossa segunda filha, Kelsey, é professora primária. Ela dá aulas em escolas de periferia e de classe média. Mesmo no primário, ela percebe o profundo desejo das crianças de ter um bom relacionamento com os pais e as consequências quando isso não acontece. "Um dos meus alunos disse que a sua família se reúne para jantar, mas depois cada um vai para o seu canto. Ele fica jogando videogame sozinho. Um dia ele me disse: 'Odeio ir para casa à noite porque é muito chato.'"

"Os meus alunos são tão loucos por atenção que fariam qualquer coisa por ela. Isso também significa se meter em problemas ou tirar notas ruins para conseguir a atenção de um professor ou assistente. As crianças precisam ser abraçadas, amadas e constantemente lembradas como são especiais para os pais. Vi o que acontece quando as vidas dos estudantes não têm amor, e é muito triste."

Os pais "te pegamos"

Das entrevistas com líderes de jovens e adultos que decidiram caminhos que não agradaram os pais, o pior que surgiu com frequência foram os pais "te pegamos". Eles sempre repassam as fontes de conflito. Com eles, nunca existe um lugar seguro no relacionamento com o filho porque questionarão a qualquer momento.

Os pais desse tipo estão sempre reclamando:

- "Quando você vai arranjar um emprego?"
- "Está chegando a data para se matricular na faculdade. Você vai se inscrever?"
- "Você vai à igreja? Vamos sair daqui a meia hora."
- "O seu namorado ainda está sem trabalho?"

Eles trazem a fonte de desacordo sempre que têm uma chance — especialmente quando estão a sós com o filho.

- "Sei que você está cansado de falar sobre isso, mas se pudesse entender o meu ponto de vista..."
- "Você sabe que o seu pai está muito preocupado com você, mas ele não consegue expressar as suas emoções."
- "Você acha mesmo que é uma boa ideia? Como é que acha que vai funcionar?"

Provavelmente as táticas que o filho menos gosta é a emboscada — não confunda com uma intervenção legítima. Na emboscada, os pais vão atrás de ajuda, seja do pastor ou outras pessoas influentes, pelas costas do jovem. Isso parece uma boa ideia, especialmente quando os pais não sabem o que fazer. Mas os líderes e jovens com quem conversei listaram isso como algo que "não se deve fazer". Não estou descartando a importância de adultos devotos na vida das crianças, mas quando eles tomam decisões com as quais não concordamos, uma conversa surpresa com o pastor de jovens só serve para "construir desconfiança entre o pastor ou os pais e o jovem", conta Keith, que está no ministério de juventude há nove anos. Ele acrescenta: "Eu faço isso, se o jovem concordar." Como pais, temos mais influência do que achamos. Precisamos usá-la somente de forma eficiente.

[Pensamentos da Katie]

É um círculo vicioso: os jovens não contam nada aos pais porque os pais usam isso para reclamar depois — e não sabem o que perguntar porque os filhos não contam nada novo.

Duvido muito que as crianças vão mudar de comportamento por causa das reclamações constantes. A única coisa que mudou o meu comportamento foi amadurecer e começar a ouvir alguns dos conselhos dos meus pais. Quando eles ficaram desapontados comigo, foi quando tentei descobrir como o meu comportamento me afetava negativamente — não porque a minha mãe perguntava algo que as duas sabiam que não andava bem na minha vida.

OS PAIS "PASSIVOS-AGRESSIVOS"

Os pais "passivos-agressivos" não lidam com as decisões dos filhos de uma forma honesta e direta. Podem agir com calma ou como se não estivessem sendo afetados, mas as emoções estão se agitando. Uma forma como esses pais expressam os sentimentos é descontando as suas emoções em outra pessoa, não no filho. Katie fala sobre o que observou enquanto visitava a casa de uma amiga.

[Pensamentos da Katie]

Conversar sobre os filhos em outra sala para que eles possam ouvi-lo, mas sem falar diretamente com eles, é tão eficiente quanto pagar o almoço todo dia achando que eles vão amá-lo mais. Se você não tem coragem de falar com eles sobre as suas decisões, então não fale com mais ninguém.

Quando eu era adolescente, não mudei o meu comportamento só porque ouvia a minha mãe reclamando sobre ele com o meu pai. Na verdade, acho que isso ajudou a nos afastar um pouco. Achava doloroso ela não falar comigo sobre alguma questão, mesmo se fosse terminar em briga. Isso mostra que o nosso relacionamento não era forte ou importante o suficiente para uma briga. Se os meus pais não queriam se comunicar comigo, então eu estava aprendendo a não me comunicar com eles e com outras pessoas.

Enquanto visitava uma amiga observei que o pai dela não conversava com ela, mas gritava para a esposa que estava infeliz com as decisões da filha. É o tipo de coisa que não faz nada bem. Ela não só fazia escolhas que o pai não aprovava, mas tinha aprendido a evitar o confronto familiar, já que ele descontava a raiva com a mãe dela.

Honestamente, a escolha é entre comunicação ou agressão-passiva. Não existe meio-termo, e os filhos, em qualquer idade, podem notar a diferença.

Outra forma de lidar com as emoções reprimidas é desviá-las para outras questões menos importantes. Esse comportamento também é chamado de "fazer tempestade em copo d'água". Confunde as crianças porque elas sabem que os pais estão exagerando. As questões importantes nunca são tratadas de forma apropriada.

[Pensamentos da Katie]

Os pais da Hannah sempre pareciam focar nas pequenas coisas em vez de olhar o quadro geral. Quando ela estava no ensino médio, em vez de colocar uma hora para voltar para casa ou verificar como eram as festas em que ela ia, os pais gritavam por ela não arrumar o quarto ou colocar o lixo na rua. Quando tinha 16 anos, Hannah precisava de outro tipo de pais, pois os dela não tentavam conversar sobre o tipo de garotos com os quais ela andava. Assim, quando foi para a faculdade, ela se aproximou do mesmo tipo de imaturos. Hannah provavelmente teria tomado decisões melhores na faculdade se os pais tivessem oferecido ideias sobre como se relacionar quando ela estava no ensino médio.

Lembro que Katie me contava essas coisas quando as garotas estavam no colégio. Katie e Hannah se perguntavam por que os pais de Hannah exageravam quando ela não fazia as suas tarefas. Os pais dela tinham medo de lidar com as questões mais profundas e importantes da sua filha; em vez disso, brigavam por questões insignificantes como colocar o lixo na rua. Os pais devem lidar de forma apropriada com as questões nas vidas dos filhos. As questões mais importantes são mais difíceis de discutir e é mais provável que causem fricção, mas ignorá-las e depois explodir por causa de tarefas negligenciadas não resolve nada e só confunde a criança.

Os pais "amedrontados"

Lá no fundo os filhos nos adoram e querem que demonstremos amor. Acredito que a maioria dos pais tem medo porque sente que um movimento errado por parte deles vai fazer com que os filhos se rebelem ou se fechem, e nunca mais voltarão para casa. Exceto em casos extremos, isso é mentira. Como David, o filho de Jan e George, já disse antes: "Eu sabia que eles iriam me perdoar."

Os filhos sentem quando são amados incondicionalmente pelos pais; são bastante espertos e sabem se os pais se preocupam mais com eles mesmos do que com os filhos.

[Pensamentos da Katie]

Eu conheço muitos jovens que não querem nunca mais ver os pais porque eles tomam decisões piores do que os jovens. Uma colega de trabalho estava morando com a mãe e a meia-irmã. A mãe era alcoólatra e namorava outro alcoólatra que vivia com elas. No final, a situação se tornou perigosa para todas. Ela precisou conseguir outro emprego para poder se mudar. Depois de conseguir um apartamento, ela prometeu nunca mais voltar para casa.

Os pais "amedrontados" estão frustrados com as decisões do filho e sabem que não podem continuar sem agir, mas têm muito medo de enfrentar a situação. Então, tentam encontrar alguém para lidar com o filho.

William concorda que esse é um erro comum entre os pais: "Em vez de ter conversas legítimas com os filhos, nos procuram para que façamos o papel deles." Eu me identifico com isso. Muitas vezes estava convencida de que não era a mãe correta para Katie. Nunca parecia fazer progressos ou guiá-la para fazer as melhores escolhas. Ela adoraria ter um mentor, um líder de jovens, ou um conselheiro para ajudá-la com os seus problemas. Ter outros adultos de confiança e devotos investindo nas nossas filhas teria sido ótimo, mas descobrimos que, apesar de tudo, éramos as vozes mais eficientes na vida de Katie.

Tim também lembra que "[pais] não fazem as perguntas difíceis porque têm medo da resposta. Evitam essas conversas." Os pais de Hannah provavelmente não queriam ouvir as respostas das perguntas: "Com quem você estava? Onde foi essa noite? Estavam na casa de alguém, os pais estavam lá também?" O medo de ouvir essas respostas inibe a discussão sobre questões mais delicadas, como a atividade sexual do filho ou o possível uso de drogas ou álcool.

Os pais "comparam-desesperam"

Uma resposta ruim para as decisões do filho é compará-lo ao irmão, a um amigo ou a qualquer um que os pais achem aceitável. Quem gosta de ser comparado a alguém? O jogo de comparação coloca as fraquezas da pessoa contra os pontos fortes de outra pessoa. Não é justo. Nem é a verdade. Todo mundo tem pontos fracos e pontos fortes.

Grace, agora com trinta e poucos anos, tomou algumas decisões que desagradaram os pais quando tinha vinte anos. Uma delas foi morar com o namorado. A mãe tentou conversar com ela sobre o relacionamento e perguntou: "Você é sexualmente ativa?" A resposta de Grace foi: "Não vou responder isso." O pai tentou de outra maneira: convidou o namorado para um café da manhã, mas isso não deu certo.

Finalmente, antes de voltarem para casa, eles tentaram novamente. Se juntaram para o que Grace chamou de "uma discussão feia com os meus pais".

Eles usaram a carta da comparação. "Os seus irmãos estão desenvolvendo os potenciais deles, mas você não está", disseram. Foi a gota d'água para Grace. Ela pediu que fossem embora. Eles foram e Grace não falou com eles nos seis meses seguintes. Claro, havia muitos fatores em jogo, mas o ponto derradeiro foi a comparação com os irmãos. O que eles acharam que iam conseguir com isso?

Contra o que você está lutando nesse momento (finanças, peso, tensões no casamento, perda de emprego, etc.)? E se alguém próximo dissesse: "Os seus amigos têm poupança, aposentadoria e dinheiro para a faculdade dos filhos. Por que você não tem nada guardado?" Ou se o seu marido falasse para você: "A sua irmã está linda desde que perdeu dez quilos. Por que você não emagrece um pouco?" Não me sinto inspirada por nenhum desses desafios, que comparam os pontos fortes de alguém com os meus pontos fracos. Na verdade, esses comentários só me fazem sentir mal e não sinto nenhum afeto pela pessoa que os fez.

Comparações com irmãos provaram ser quase fatais para uma família. Gênesis 37:3-4 nos conta a história: "E Israel amava a José mais do que a todos os seus filhos, porque era filho da sua velhice; e fez-lhe uma túnica de várias cores. Vendo, pois, seus irmãos que o seu pai o amava mais do que a todos eles, odiaram-no, e não podiam falar com ele pacificamente" (ACF). Não, a palavra *comparação* não é usada nessa passagem, mas o tom destes versículos está cheio disso. Não consegue ouvir Jacó (mais tarde chamado Israel) dizendo aos seus outros filhos: "José não é todo especial? Essa túnica não fica linda nele?" Se olharmos o versículo 2 veremos que José falava sobre os seus irmãos para Jacó: "Estas são as gerações de Jacó. Sendo José de dezessete anos, apascentava as ovelhas com seus irmãos; sendo ainda jovem, andava com os filhos de Bila, e com os filhos de Zilpa, mulheres de seu pai; e José trazia más notícias deles a seu pai" (ACF). Um terreno fértil para comparar o bom José com os maus irmãos: "José me contou que vocês não estão cuidando bem das ovelhas e passam mais tempo jogando pedras nos pássaros do que trabalhando. Por que não podem ser mais conscientes como José?"

Nada cria mais rivalidade entre irmãos do que comparar um com o outro. Eles tomaram várias decisões que desagradaram o pai e essa comparação só piorou a situação. Mais tarde, no capítulo 37, Jacó mandou José outra vez dar uma olhada nos seus irmãos. Mas esses estavam cansados dele. O versículo 18 diz: "E viram-no de longe e, antes que chegasse a eles, conspiraram contra ele para o matarem" (ACF). O irmão mais velho, Rúben, o salvou, mas José mais tarde foi vendido como escravo.

A comparação de Jacó entre José e os seus irmãos não ajudou nenhum dos filhos. Sei que podemos ficar bravos com os nossos filhos, mas compará-los e nos desesperar só piora a situação.

Os pais "controladores"

Os pais "controladores" querem consertar o filho. A reação deles é dominá-lo controlando todas as áreas da sua vida. Como contei no capítulo 1, quando Andrea anunciou que era homossexual, a primeira reação de Cynthia foi levá-la para casa. A reação instintiva de Cynthia dizia que se a filha estivesse segura em casa, tudo estaria bem. Andrea não quis ir com a mãe; ela ficou e assumiu o seu estilo de vida. Cynthia não conseguiu resolver os problemas amorosos de Andrea.

Na criação, não existe uma fórmula para se conseguir o resultado desejado. É preciso ser perseverante e altruísta para ser um bom pai. Devemos conhecer os nossos filhos e ajustar os estilos de criação de acordo com o que funciona para cada criança. O que funciona para um filho não vai funcionar com o seguinte (algo que você já descobriu se teve mais de um filho). Presença *versus* controle deve ser diferente na vida de cada um de acordo com idade e situação. Voltamos ao velho mas verdadeiro clichê — escolha com sabedoria as suas batalhas.

O filho mais desafiador pode ser aquele que precisa de mais espaço. Como tenho certeza que acontece com os seus filhos, as minhas possuem personalidades bem diferentes e isso pede diferentes estilos de criação para cada uma. Uma personalidade não é melhor do que a outra; são apenas diferentes. Por exemplo: a mais nova, Kerry, está no último ano do ensino médio e o seu maior problema (se pode ser chamado assim) é esquecer de fazer as tarefas pessoais ou domésticas. Parece uma coisa pequena, mas a responsabilidade pessoal é muito importante para se tornar um adulto maduro. Deus espera que sejamos responsáveis: "Porque cada qual levará a sua própria carga" (Gálatas 6:5 — ACF).

Ao contrário, quando Katie estava no último ano, a questão da responsabilidade pessoal ficou em segundo lugar (ou terceiro ou quarto) por causa das outras situações que tínhamos que lidar no dia a dia.

Quase todo dia, ela saía para a escola brigando conosco — reclamava de tudo que eu pedia. As tarefas de casa eram motivos de briga assim como as questões mais importantes, como com quem ela saía. Eu também exagerava em tudo. Com Katie, a responsabilidade pessoal não podia ser a batalha que escolhíamos para lutar. Havia muitas outras questões de segurança e morais para resolver.

[Pensamentos da Katie]

Sempre que eu queria fazer algo fora de casa, havia uma briga. Quando eu estava no ensino médio, as regras dos meus pais eram muito restritas. Eu não tinha permissão de fazer mais do que duas atividades sociais por semana. Mesmo assim, quando saía, a minha mãe ficava brava com a hora que eu queria voltar ou aonde queria ir. Ela não entendia que eu queria ter uma vida social e eu não entendia por que ela queria evitar que eu tivesse uma.

Tentei controlar a situação para trazer de volta a Katie feliz e divertida que eu sabia que existia dentro dela, mas fui sufocada pela sua má atitude. Os garotos com quem ela andava encorajavam o seu desrespeito e as suas más escolhas. Achava que se conseguisse afastá-la deles, ela mudaria, mas tentar controlar a vida dela não era a forma de fazê-la mudar.

Os pais "você-está-destruindo-a-nossa-vida"

As decisões que não aprovamos e as suas consequências geralmente nos abalam como se fossem um terremoto. Sentimos os efeitos quando menos esperamos e em todas as áreas das nossas vidas. Quando a crise ataca, o desafio é não achar que tudo está contra nós.

A amiga de Grace, Michelle, também tomou decisões que os pais não gostaram. O pai dela é um presbítero na igreja e se sentia pressionado a obrigar Michelle a viver de forma mais devota. A igreja não conseguiu ser mais complacente ou compreensiva com ela ou com o relacionamento dela com o pai. Ele renunciou a sua posição como presbítero e escreveu uma carta para a filha, mostrando como o "pecado" *dela* estava afetando a vida *dele*. A carta não ajudou em nada o relacionamento dos dois, e a mensagem que Michelle ouviu do pai foi: *Isso tem a ver com a minha vida.*

Infelizmente, as pessoas sempre vão se sentir no direito de se meter na sua vida pessoal, mas essa não é a razão para acrescentar outro tijolo ao muro entre você e o seu filho — vamos falar mais sobre essa ideia no capítulo 9. Por enquanto, lembre-se que essa situação não tem nada a ver com você. Tem a ver com a confiança do seu filho no seu amor eterno por ele. O seu objetivo é alimentar a relação com ele e manter o caminho de volta ao Senhor livre de obstáculos.

Os pais "do-nosso-jeito-ou-de-jeito-nenhum"

Os pais "do-nosso-jeito-ou-de-jeito-nenhum" nem precisam de explicação. Eles sabem o que é melhor. Há duas formas de ver a vida — a dos pais e a errada. Note que isso não deixa muito espaço para a troca de ideias ou para a Palavra de Deus (parto do princípio que esses pais acham que Deus concorda com eles em tudo). Entendo que apostam alto na educação dos filhos, e que os pais cristãos têm especial consciência disso, mas essa linha de pensamento produz uma mentalidade limitada para tudo na vida. Nós espiritualizamos tudo. Existe a música certa e a errada, assim como a literatura e a forma de se vestir. Esses pais acreditam que a sua forma é a única e todas as outras estão erradas.

Para evitar se tornar esse tipo de pais, precisamos ler a Bíblia (sim, toda ela) e ver o que Deus fala diretamente. Ele deixa muito espaço para nos expressarmos pela forma como nos criou. Está bem dentro das suas fronteiras de certo e errado.

Escolher as suas batalhas se aplica muito bem nesse momento. Lembre-se como você era quando jovem. Algumas das suas ideias e crenças eram diferentes das dos seus pais? A mensagem que eles transmitiam era de que você estava errado em relação a tudo que eles não concordavam? Por que esperamos que seja diferente com os nossos filhos?

Nathan afirma que, apesar de saber que os pais amavam ele e a Deus, ele precisava de espaço. "Acho que eles poderiam opinar menos sobre as minhas escolhas", ele afirma. "Com isso quero dizer que eles poderiam ter me deixado ser mais eu mesmo. Assim não seria tão rebelde. Se as minhas escolhas fossem mais minhas, então eu não teria me distanciado tanto das boas escolhas deles."

Eu era uma mãe "do-meu-jeito-ou-de-jeito-nenhum" — acreditava estar fazendo o que era melhor para Katie. Não deixava espaço para ela ser a pessoa que Deus a criou para ser.

[Pensamentos da Katie]

Algo que conversei com os meus pais é que temos definições diferentes de moralidade e tolice. Todo mundo tem uma forma diferente de olhar para as coisas e reagir a situações. Então, se você está convencido de que uma decisão está equivocada e não consegue entender por que o seu filho a ignora, ele provavelmente não está ignorando. É por isso que a comunicação é importante. Se conversou com o seu filho sobre quais aspectos você achou problemático e ele tentou explicá-los, pode não tê-lo convencido, mas pelo menos foi uma tentativa. E depois dessa conversa você pode seguir em frente. Não faça mais tentativas de mudar a cabeça dele, o que demonstra que não confia nele e não valoriza as suas opiniões. É outra forma de afastá-lo.

Os pais "do-nosso-jeito-ou-de-jeito-nenhum" são muito comuns, mesmo se os filhos não estão fazendo escolhas erradas. Eu sei disso porque sou desse tipo e estou me recuperando. Também observei pais que criam brigas sem motivo — o filho que se atrasa uns minutos pela manhã, a ocasional escorregada nos modos, roupas modestas e apropriadas, mas que os pais acham que revela muita coisa, entre outras coisas. Queremos fazer um bom trabalho, mas devemos não deixar os nossos filhos com raiva (Efésios 6:4). Se você é uma mãe que nunca está satisfeita, confie em mim, o seu filho vai parar de se esforçar. Ele vai decidir qual é a sua própria bússola moral, que provavelmente estará alguns graus distante da sua. Eu já passei por isso e vi em outras famílias também.

***

Esse capítulo foi forte e você provavelmente está sentindo que não consegue fazer ou não fez nada certo. Não foi a minha intenção, quero apenas dar ideias sobre as percepções do seu filho. Não estou dizendo que os filhos estão certos e nós, errados, mas para funcionarmos como pais, precisamos saber como os filhos pensam e absorvem as coisas. Não tem nada a ver com a gente, mas temos um importante papel a cumprir. Lembre-se, estamos numa caminhada — então vamos em frente!

CAPÍTULO 5
O QUE É SEU E O QUE NÃO É

A verdade sobre a culpa dos pais e as mentiras do inimigo

A culpa dos pais — não há nada tão pesado, desmoralizador e difícil de se livrar quanto o sentimento de que você, pai, estragou a vida do seu filho.

Como já disse, os anos de Katie na escola foram difíceis para todos nós. Um dia, enquanto almoçava com uma colega de trabalho, contei um pouco da minha frustração. Não estava falando mal da minha filha; era mais um "você não vai acreditar no que ela fez e como eu respondi". A minha colega começou um sermão que pareceu durar uma eternidade. Sempre mantendo um sorriso, ela me comparou com os seus pais que, de acordo com ela, impediram a sua maturidade, conversaram muito pouco com ela e a faziam sentir como se não fosse uma prioridade para eles. Ela continuou e me avisou (ainda sorrindo) que se eu continuasse com o meu estilo de criação, a minha relação com Katie estaria fadada ao fracasso e ela teria problemas o resto da vida. Aquele monólogo foi uma purgação emocional, e eu me tornei o seu lixão emocional. Sem brigar, aceitei a culpa e as mentiras sobre a minha forma de criação enquanto ela transferia os problemas com os pais dela para mim.

Fiquei paralisada, incapaz de falar. Até esse momento, ela sempre tinha sido uma pessoa gentil. Não conseguia acreditar que ela estava dizendo aquelas palavras rudes e jogando um peso enorme sobre mim. Queria que ela parasse, mas temia gritar se abrisse a boca. Finalmente ela apresentou o seu argumento final contra mim — ainda sorrindo. Depois disso, juntei força emocional suficiente para terminar o almoço e para caminhar até o meu carro, onde deixei a minha dor fluir.

Será que eu era uma mãe tão ruim? Estava condenando Katie a uma baixa autoestima que ela teria de passar o resto da vida tentando superar? Não conseguia deixar de temer que a minha colega estivesse certa, que eu não tinha ideia dos problemas que estava causando à minha filha. Durante todo o dia, aquelas palavras continuaram a queimar fundo no meu coração.

Ainda naquela noite conversei com o meu marido sobre o ocorrido. Ele é a minha maior fonte de apoio e encorajamento, mas nunca deixa de falar a verdade — disse que a minha colega não podia estar mais errada e que isso tinha mais a ver com ela e os pais dela do que comigo e Katie. Mesmo assim, não consegui eliminar a culpa, o peso que sentia no coração e o medo de que estava machucando a minha filha para sempre. Uma mentira começou a crescer no meu pensamento: de que eu era a razão das más escolhas de Katie e do nosso relacionamento complicado.

Nenhum pai é perfeito, e por isso o desafio é descobrir qual é a nossa parte nas decisões dos nossos filhos e considerar a nossa contribuição para os problemas de relacionamento. Então, podemos ver mais claramente qual é a responsabilidade dos nossos filhos.

A parte dos pais na briga

Como suas palavras, atitudes e ações contribuem para as decisões erradas dos seus filhos ou para o relacionamento conturbado entre vocês? Eu confesso que durante todo o meu tempo como mãe eu vi quase todos os tipos de pais que discutimos no capítulo 4 — alguns mais do que outros. Então a minha parte na briga é multifacetada. Enquanto todas as minhas filhas cresciam, cometi diferentes tipos de erros (e quem não cometeu?), dependendo da situação e do meu nível de maturidade na época.

Não deixe a lista dos erros do capítulo anterior queimar no seu coração, como eu fiz quando a minha colega descarregou tudo sobre mim. Reconheça honestamente os seus erros e se prepare para seguir em frente. Deleite-se com as sábias palavras de Oswald Chambers: "Deixe o passado dormir, mas deixe dormir no coração de Cristo e seguir para o irresistível futuro com ele. Nunca deixe a sensação de fracasso corromper a sua nova ação."[13]

---

[13] CHAMBERS, Oswald. *My Utmost for His Highest*.Urichsville. OH: Barbour Publishing, Inc., 1963. p. 49.

Entenda que cada pai é diferente e analisa subjetivamente o seu estilo de criação. Alguns pais são calmos e assumem a responsabilidade por qualquer fricção no relacionamento ou nas decisões dos filhos. Outros acreditam que detêm a palavra infalível de Deus para os filhos; logo, é culpa dos filhos qualquer problema em relacionamentos ou em suas vidas. Os dois extremos são perigosos.

É mentira os pais estarem sempre certos. Só há uma pessoa que está sempre certa, aquela que está sentada ao lado direito de Deus. Você é um filho precioso de Deus e vive um processo, assim como o seu filho. Ninguém é perfeito. Sente-se humilde aos pés de Deus e permita que ele mostre gentilmente os seus erros, as suas incompreensões, as suas falácias, as suas ilusões e as suas descrenças com as quais viveu e vive. Só assim você começará a construir um relacionamento com o seu filho, independentemente de ele conseguir ver a vida da mesma forma que você.

Se ainda acredita que a situação do seu filho é culpa sua, pode mudar de opinião. Todo mundo precisa fazer escolhas — incluindo os filhos. Pare um minuto agora e entregue o seu filho a Deus. Abaixo reproduzo uma pequena oração para ajudá-lo a expressar os seus pensamentos:

> *Deus, obrigado pelo seu amor por mim e pelo meu precioso filho. Sei que você o ama mais do que eu poderei amar. Escolho confiá-lo ao Senhor — a vida, as decisões e os pensamentos dele. Por favor, cuide dele enquanto vive no que parece ser uma terra distante para mim. Ajude-o a se tornar a pessoa que o Senhor planejou que ele fosse. Cuide da sua mãe (ou pai) enquanto ele está nessa jornada. Eu amo você, Senhor.*

O seu filho é uma pessoa independente de você, e Deus tem um plano único para a vida dele. E parte desse plano inclui o seu filho fazendo as próprias escolhas. Deus é mais ativo na vida dele do que você imagina e é preciso que se afaste para ver a mão do Senhor na vida dele. Podemos não estar ajudando os nossos filhos a tomar as decisões corretas, mas estamos a ponto de mudar isso.

Essa é a última parte do nosso autoexame antes de seguirmos em frente, então que seja importante. Exceto tratar o seu filho com negligência (se fez isso, por favor, procure a ajuda de um conselheiro cristão profissional), liste honestamente a sua contribuição negativa para o relacionamento. Vou começar uma possível lista para você:

- usa frases como "você sempre", "você nunca", "por que você não pode...?"
- encontra erros no seu filho com mais frequência do que encontra coisas positivas — e diz isso a ele.
- não tem tempo ou não presta atenção ao que ele diz; não está presente e disponível.
- prefere um filho ao outro.
- trata de forma desrespeitosa o seu filho

Um dos meus maiores erros foi levar para o lado pessoal tudo o que Katie falava. As declarações dela eram dirigidas a mim, afinal, então por que não deveria assumi-las? Porque toda essa porcaria não era algo entre mim e ela. Eu era a pessoa que lhe dava segurança. Quando penso nisso, percebo que quanto pior ela me tratava, mais alto ela gritava: "Amo e confio em você. Não me abandone!" Isso não é uma desculpa para as suas ações, mas me ajudou a entender como os nossos filhos se sentem machucados e frustrados.

A PARTE DO FILHO NA BRIGA

Os nossos filhos são responsáveis por suas palavras e ações, assim como somos responsáveis pelas nossas. Eles acreditam nisso até falarmos o contrário. Quando criamos desculpas para o mau comportamento, ataques, desrespeito e desobediência, é como se disséssemos: "Sei que você não consegue evitar, então tudo bem se comportar assim." Desde que Katie era criança, ela ficava brava quando as consequências das suas ações vinham em dobro. Eu sempre falava: "Você está sendo castigada pela sua desobediência e depois pela sua má atitude em relação ao seu castigo." A maior parte do tempo, Katie reagia com raiva ou desrespeito quando tinha que pagar as consequências dos seus atos. Essa resposta era uma escolha dela.

Então, seu filho aprendeu o que deve fazer com você para ter o resultado desejado. Ele sabe quando você vai se render e como manipulá-lo. Pense na seguinte lista de comportamentos que ele pode realizar e que contribuem negativamente para o relacionamento. São comportamentos proibidos, não importando se a resposta está errada.

- Desobedecer as regras da casa, da escola ou a lei.
- Dizer palavras para machucá-lo.
- Não se comunicar com você.
- Negligenciar responsabilidades pessoais — tarefas escolares, emprego, trabalhos e assim por diante.

A verdade sobre as responsabilidades dos pais

Acreditei na mentira de que, se eu fosse uma mãe melhor, Katie (e o relacionamento com ela) melhoraria. Afinal, ela me enfrentava com maior frequência. Era eu quem falava com ela sobre a sua falta de gentileza ao lidar com as irmãs e sobre as palavras e ações desrespeitosas, ou seja, eu era o problema.

De vez em quando, sentia Deus me dizendo que isso não era verdade, mas não ousei confiar nessa sensação. A vida era difícil com Katie porque eu a tornava difícil. Se não fosse culpa minha, de quem seria? Meu marido não brigava tanto com ela como eu. As irmãs dela não participavam tanto assim da vida dela a ponto de complicá-la ainda mais. Não, a única culpada era eu, a mãe. Acreditei nessa mentira até Katie ter 19 ou 20 anos.

O Senhor finalmente me mostrou que eu estava errada. Tivemos alguns dias difíceis com Katie, e conversamos sobre o problema atual. Normalmente, eu usaria o pensamento "é tudo culpa minha", mas naquele dia foi como se Deus me dissesse: "Hoje é o dia em que você vai acreditar na minha verdade. Katie está decidindo. Você não é a causa disso." Que revelação! Eu não estava arruinando a vida da minha filha! Que conforto para um coração de mãe dolorido. Também removeu um grande peso das minhas costas. Eu não era a causa da vida complicada de Katie. Sim, ela tem feridas do seu passado e, sim, eu contribuí bastante para as brigas. No entanto, Katie era a única responsável pelas suas palavras e decisões, não eu. Agora eu poderia seguir como uma mãe saudável (em vez de atormentada pela culpa) para reparar o nosso relacionamento e ajudar a minha filha a viver.

Deb, a mãe de Brennan, também lutava contra a culpa pelas escolhas do seu filho e deixou que Deus a mostrasse a mesma conclusão:

"Não podemos aceitar essa culpa. Não posso culpar ninguém. Meu filho tomou as próprias decisões."

Eu confessei a minha parte nas brigas com Katie. Deus começou a me mostrar o que fiz para piorar o temperamento dela. (Às vezes, ele usou meu marido para me iluminar!) Então eu tinha uma escolha: mudaria a forma como me comunicava com a minha filha, o que exigia cuidado redobrado com a escolha de palavras e o tom, para reconstruir o meu relacionamento com ela; ou continuaria a mesma e em essência diria: "Isso é problema dela. Sou quem sou. Fiz algo de errado?" Escolhi permitir que Deus me mudasse. Vou falar mais sobre essa decisão no capítulo 7.

Como o Senhor sugeria, continuei a pedir perdão a Katie pelo meu péssimo comportamento. Essa é uma parte constante do nosso relacionamento saudável. Há algumas semanas, Katie e eu nos sentamos em frente ao computador para trabalhar neste livro. Ela falou: "Mãe, antes de começarmos, há algo que quero conversar com você." Ela explicou entre lágrimas e sorrisos como algo que eu estava fazendo a magoava. Ela estava certa e reconheci isso. Pedi que me perdoasse e disse que faria o máximo para melhorar. Ela aceitou as minhas desculpas e nos aproximamos ainda mais por isso.

O mais importante: eu confessei os meus erros a Deus e prometi em meu coração responder melhor quando essas situações surgissem de novo.

***

James começou a se surpreender quando o seu filho, Greg, estava no final do ensino fundamental, e os conflitos continuaram durante a adolescência. A raiva de James em relação à desobediência de Greg resultou em abuso verbal e físico. Depois, James confessou a sua culpa ao filho, pediu desculpas e foi perdoado. Um sinal da saúde do relacionamento deles é o ritual de um aperto de mão quando eles se cumprimentam.

Cynthia e Frank também perceberam a própria culpa no difícil relacionamento com a filha, Andrea. "Ela culpou os dois — especialmente o pai. Em uma sessão de aconselhamento com um pastor — estávamos os três —, nós nos desculpamos. Ela recebeu aquilo bem e agradeceu ao pai", contou Cynthia.

Os filhos ouvem que fizeram tudo errado. A confissão da nossa parte significa muito para eles. Se você puder fazer apenas uma das coisas que sugiro neste livro, escolha se desculpar com o seu filho pelo seu papel no conflito. Fazer isso mostra que você se preocupa com ele, que quer um relacionamento de verdade e os ama acima de tudo.

A RESPONSABILIDADE DO FILHO

Na nossa cultura, a responsabilidade pessoal é justificada porque o que costumava ser considerado pecado agora é rotulado como uma doença, uma escolha pessoal ou um traço herdado dos pais. Entretanto, Deus ainda exige responsabilidade de cada pessoa pelas suas decisões; por isso precisamos de um Salvador. Em seu livro, *Systematic Theology*, Wayne Grudem afirma: "Deus nos fez responsáveis pelas nossas ações, o que quer dizer resultados significativos reais e eternos."[14] Ele continua e mostra que não podemos culpar os outros pelas nossas ações: "De forma significativa, Adão começou a criar desculpas para o primeiro pecado: 'Então disse Adão: A mulher que me deste por companheira, ela me deu da árvore, e comi' (Gênesis 3:12 — ACF)."[15] Os filhos têm o poder de decidir e de fazer as próprias escolhas.

[Pensamentos da Katie]

Eu tomei as minhas decisões por vários motivos:

1. Achei que eram as decisões corretas na época.
2. Sou cabeça-dura e sei o que quero.
3. Não sabia quais outras decisões tomar. Não queria pedir conselhos porque achava que sabia qual seria a outra opção. Não sabia a quem pedir uma opção intermediária.

Às vezes, tomei más decisões de forma consciente para me autossabotar. Sabia que haveria uma consequência ruim e achava que a merecia pelas más escolhas feitas antes. Esse é o problema em ser capaz de pensar dois ou três passos adiante, mas ainda assim ser muito determinada

---

[14] GRUDEM, Wayne. *Systematic Theology*. Grand Rapids: Zondervan, 1994, p. 333.

[15] Ibidem.

> e não mudar o seu comportamento. Honestamente, acho que tem a ver com baixa autoestima e hábitos de autossabotagem. Acreditava que não merecia bons resultados, então, os evitava de propósito criando situações mais difíceis e complicadas para mim mesma, que terminavam em mais trabalho e dor.
>
> Esse ciclo continuou porque, depois de lidar com más consequências por tanto tempo, acabei me acostumando. Achei que era a única forma de lidar com as situações. Então se tornou um estilo de vida — tomar más decisões e lidar com as consequências. Algumas pessoas não sabem como ser bem-sucedidas porque se ensinaram a evitar o sucesso.

A explicação de Katie sobre como ela tomava decisões a ajuda a entender que o seu filho também processa as decisões que toma? Ele é responsável pelas suas escolhas.

Entre as responsabilidades atuais das nossas filhas está seguir as regras da casa. Contudo, os pais devem ser razoáveis. A maioria dos jovens (e dos adultos) não consegue manter os seus espaços na casa perfeitos todo o tempo e todos nos esquecemos de tirar o lixo de vez em quando. Mas com razão e graça divinas, estabeleça essas regras e como os membros da família devem cumpri-las.

Lisa e James colocaram padrões de comportamento para Greg e disseram claramente o que esperavam que ele fizesse. Ele concordou com as regras e, quando as desobedecia, eles renegociavam. Lisa resume: "Ele sabia como vencer o sistema."

Nós também especificamos regras para Katie, porque se não houvesse uma, então havia permissão. Conversas on-line e em tempo real eram populares entre adolescentes quando Katie estava no ensino médio. De forma relutante, permitimos vinte minutos de conversas on-line por dia. Como não especificamos que devia ser durante as horas normais, ela se levantava depois que íamos dormir para conversar com um garoto que não queríamos por perto. Descobrimos quando, um dia, meu marido estava trabalhando no computador e a impressora imprimiu uma conversa entre eles. Pega no flagra! Tínhamos uma prova. A resposta dela? "Vocês não falaram que eu não podia usar à noite." Como falei, ela precisava de uma regra para tudo.

Outra responsabilidade inegociável para os filhos é tratar todo mundo com respeito. É nossa responsabilidade como pais sermos modelos de respeito, ensiná-los a respeitarem e a terem um comportamento idêntico em relação às regras das outras famílias. Em 1Samuel 2:29 (ACF), Deus fala com Eli, o sacerdote, sobre o desrespeito dos seus filhos para com ele e a posição deles como sacerdotes. Deus repreende Eli dizendo: "Por que pisastes o meu sacrifício e a minha oferta de alimentos, que ordenei na minha morada, e honras a teus filhos mais do que a mim, para vos engordardes do principal de todas as ofertas do meu povo de Israel?" Quando não ensinamos e exigimos respeito dos nossos filhos, Deus fala que os honramos mais do que a ele. Respeito é algo sério para o Senhor.

Pense: a sua vida reflete um tom respeitoso? Ou você se opõe ao seu chefe, ao seu pastor, ao seu cônjuge, aos seus filhos ou aos seus pais? Se você tem uma tendência ao desrespeito, os seus filhos provavelmente aprenderão isso também. Acrescente esse comportamento à sua lista de coisas a confessar e se desculpar.

Se você trata os outros com respeito, seu filho saberá como respeitas. Ele pode precisar que você lhe mostre esse comportamento respeitoso, e você deve mostrar que é isso que espera deles, mesmo quando estão bravos. Em 1Samuel 2:30-34, Deus mostra a Eli as consequências por não ensinar e exigir respeito dos seus filhos. Deus não justifica a falta de respeito dos nossos filhos — e nem nós deveríamos.

Seguindo em frente

Você não pode consertar ou salvar o seu filho e essa não é a sua responsabilidade. Essa atitude tem como base as mentiras que acreditamos como pais — se fôssemos melhores, os nossos filhos seriam bons cristãos. Que falácia! Deus é o pai perfeito, mas seus filhos não são — é só dar uma olhada no espelho. Judas passou três anos vivendo com Jesus. Ele o conhecia melhor do que qualquer outra pessoa na história, mas tinha uma escolha a fazer e preferiu traí-lo. Se alguém poderia ter salvado Judas, era Jesus, mas ele lhe deu a escolha de aceitá-lo ou rejeitá-lo.

Em Mateus 19:16-22, um jovem rico vem até Jesus e pergunta: "Bom Mestre, que bem farei para conseguir a vida eterna?" Jesus responde: "Se queres (...) entrar na vida, guarda os mandamentos." O jovem diz que ele fará isso, o que mais? Jesus responde: "Se queres ser perfeito, vai, vende tudo o que tens e dá-o aos pobres, e terás um tesouro no céu; e vem, e segue-me." Mas o jovem é rico e não aceita esse comando de Deus. O versículo 22 diz: "E o jovem, ouvindo esta palavra, retirou-se triste, porque possuía muitas propriedades." Jesus deixou que ele fosse embora.

Jesus prometeu vida eterna com ele para o jovem, mas este preferiu a sua riqueza — e Jesus permitiu. Não devemos persuadir, consertar ou salvar nossos filhos. Nos seguintes capítulos, vamos falar sobre coisas positivas que podemos fazer, mas primeiro devemos entender o que *não* devemos fazer. Só Deus pode trazer arrependimento.

A coisa mais poderosa que podemos fazer para os nossos filhos é orar por eles. Jesus nos contou como orar em Mateus 7:7-11. Ele diz: "Pedi, e dar-se-vos-á; buscai, e encontrareis; batei, e abrir-se-vos-á. Porque, aquele que pede, recebe; e, o que busca, encontra; e, ao que bate, abrir-se-vos-á" (v. 7 — ACF). *Strong's Exhaustive Concordance* comenta sobre o significado das palavras "pedir" e "buscar". "Pedir", está escrito, "é estritamente uma exigência de algo devido". "Buscar", continua, "implica uma procura por algo escondido".[16] Jesus nos diz para "exigir algo devido" e "procurar algo escondido". "Bata" significa exatamente isso — bata. Mas Jesus nos diz para fazer o esforço — Bata na minha porta. Exija o que é devido a você. Procure pela resposta escondida que você precisa.

Jesus quer que batemos na porta dele, não que fiquemos sentados, aguentemos tudo que acontecer na vida das nossas famílias. Ele quer que exijamos o que é devido. Não estou falando para vir a ele com uma atitude de superioridade, mas acredito que é nossa responsabilidade e privilégio exigir que o inimigo não tenha espaço nas vidas dos nossos filhos e que eles saibam que Jesus é o salvador deles. Esse é o desejo de Deus — ele não quer que ninguém sucumba "senão que todos venham a arrepender-se" (2Pedro 3:9 — ACF). Quando oramos desta forma, somos ousados quando nos dirigimos a Deus, não exigindo nossos direitos, mas pedindo que ele trabalhe ativamente nos nossos filhos para o bem deles. Ser os advogados dos nossos filhos em nossas orações é nossa obrigação como pais.

Jesus também quer que procuremos as respostas que precisamos. Durante toda a adolescência de Katie, eu ficava desesperada por uma

---

[16] STRONG, James. *Strong's Exhaustive Concordance of the Bible*. Iowa Falls, IA: AMG Publishers, 1986. Novo Testamento, 84.

palavra de inspiração ou direção de alguém que realmente entendesse a nossa situação. De vez em quando, me pegava conversando com mães ou jovens cuja jornada era parecida com a minha. Enquanto elas contavam as suas histórias (ou mesmo uma pequena parte delas), eu me prendia a algo que falavam — talvez uma palavra de esperança ou uma coisa que tinha funcionado para elas. Enquanto colecionava essas histórias, as juntava ao meu repertório e voltava a conversar com eles. Jesus tem as respostas que precisamos, mas devemos pedir e procurá-las.

Lucas também registrou essa história do ensinamento de Jesus, quando Jesus ensinou a persistir em oração. Ele contou a história de um homem que foi até a casa do amigo à meia-noite e pediu comida para alimentar um viajante que foi visitá-lo. O amigo disse: "Não me incomode. A porta já está fechada, e meus filhos estão deitados comigo. Não posso me levantar e lhe dar o que me pede" (Lucas 11:7). Mas Jesus diz que devemos persistir: "Eu lhes digo: embora ele não se levante para dar-lhe o pão por ser seu amigo, por causa da importunação se levantará e lhe dará tudo o que precisar" (v. 8). Jesus manda que sejamos persistentes na oração — ao exigir o que é nosso, procurando as respostas escondidas que precisamos, batendo na porta até encontrarmos uma resposta. A oração não é uma forma passiva de gastar o tempo até ganharmos influência na vida dos nossos filhos. Ela é a forma de exercemos influência na vida dos nossos filhos.

Não finjo entender como a oração funciona ou como Deus a responde, mas uma coisa eu sei: posso e devo confiar nele. Nem sempre consegui dizer isso, não porque Deus não fosse digno de confiança, mas porque eu não confiava nele. Sempre que uma nova situação difícil acontecia na minha vida, eu o ouvia falar: "Você vai confiar em mim?" Eu queria, mas o medo do "e se" tomava conta de mim. "Deus, e se eu confiar no Senhor e algo pior acontecer?" Através de cada desafio, eu caminhava com ele e obedecia o melhor que podia, mas durante todo o tempo esperava que algo ruim acontecesse. Porém, ele me guiou por cada situação e sempre cheguei ao meu destino pensando: "Nossa! Posso confiar em Deus. Foi duro, mas ele me guiou e trabalhou para o nosso bem."

Isso é exatamente o que Jesus quis dizer quando terminou a lição sobre oração em Mateus 7:11. Ele nos garante que Deus vai responder as nossas orações e "dará bens aos que lhe pedirem" "Bens" é definido como "intrinsecamente benéfico".[17] Assim como a sua definição de bem difere da definição do seu filho, então a definição de Deus difere da nossa. Defino uma boa noite como a que inclui um excelente jantar em família, assistimos juntos a um filme ou jogamos algo, com todo mundo na cama às dez para uma ótima noite de sono. Minha filha de 23 anos, Kelsey, define uma boa noite quando sai com o namorado. Em nenhum momento me menciona — exceto quando ela fecha a porta quando sai. As nossas definições de *bens* são muito diferentes. (Claro, quando eu tinha 23 anos, minha definição de bens seria igual a dela!)

Deus nos conta, também, que ele define *bens* de forma diferente: "Porque os meus pensamentos não são os vossos pensamentos, nem os vossos caminhos os meus caminhos, diz o Senhor" (Isaías 55:8). Esse versículo implica que não podemos, nem iremos, ser capazes de realmente entender a forma como Deus atua. É onde entra a questão da confiança. Jesus me diz que é meu dever orar, e Deus dará coisas boas à minha família e a mim. Como Jesus não nos manda tarefas inúteis, deve haver valor nas minhas orações. Confio nele, continuo a bater em sua porta e faço o que puder para as minhas filhas — orar com o coração de mãe.

Espere um pouco

Os capítulos restantes deste livro nos levarão adiante, ao mesmo tempo que damos passos positivos em direção à cura da relação com nossos filhos e fazemos a nossa parte para limpar os obstáculos no caminho deles até Deus. Antes de passar para o capítulo 6, quero encorajá-la a esperar um pouco até decidir se está pronta para seguir de forma positiva.

Pense nas questões que discutimos até agora. Em quais áreas você tem problemas em concordar com Deus de que precisa de um coração para mudar ou perdoar? Anote-os. Gaste o tempo que precisar para trabalhar todas as *Perguntas para Reflexão* e *Discussão* dos capítulos 1 a 5 (que estão no final do livro) — talvez com um amigo de confiança ou mentor. Peça a Deus para lhe dar sabedoria e força enquanto trabalha qualquer questão que possa ser uma barreira ao seu desenvolvimento atual como mãe saudável.

Então, vamos passar ao resto do livro juntas para construir sobre essa base com aplicações positivas e práticas.

---

[17] Ibidem, Novo Testamento, 5 e 51.

CAPÍTULO 6

ELES ACHAM QUE VOCÊ É DEUS
(NÃO DE VERDADE, MAS É QUASE ISSO!)

Como mostrar o verdadeiro Deus ao seu filho

"Quando vocês perceberam, pela primeira vez, o amor de Deus por vocês?", perguntou Claudia Mitchell, minha amiga, a um grupo de mulheres reunidas na minha casa para o encontro mensal de mentoras. "No meu caso só aconteceu quando eu era adulta", respondeu ela. Claudia (coautora de *One Girl Can Change the World* e diretora dos ministérios de mulheres da Sherwood Oaks Christian Church em Bloomington, em Indiana) falou o que a maioria de nós nunca quer admitir, mesmo depois de anos de escola dominical e igreja, que não sabemos que Deus nos ama.

Concordei em silêncio com Claudia. Cresci cantando "Jesus Me Ama", mas não me lembro de qualquer sermão sobre o amor dele. Lembro de muitos sermões me mandando mudar de comportamento. Não digo que o pastor não dizia nada sobre o amor de Deus, mas são os sermões "fogo e enxofre" que marcam. Talvez a sua experiência seja parecida, ou talvez você não tenha crescido na igreja e a sua imagem de Deus seja feita de peças vindas de várias fontes. Como resultado, a sua ideia de Deus não é muito precisa.

1João 4:8 (ACF) diz: "Deus é amor." A Bíblia está cheia de comandos e instruções de Deus para a vida. Ele nos ama e sabe que o melhor para nós é amá-lo e obedecer aos seus mandamentos. Ele é justo e com a sua justiça vêm as consequências e punições pelo nosso pecado. Wayne Grudem explica esse aspecto do caráter de Deus: "Como resultado da justiça de Deus, é necessário que ele trate as pessoas de acordo com que elas merecem. Assim, é necessário que Deus puna o pecado, pois isso não merece recompensa; é errado e merece punição."[18] Tanto o amor quanto a justiça do Senhor foram mostradas quando ele deu o seu filho, Jesus, para que fôssemos "justificados gratuitamente pela sua graça, pela redenção que há em Cristo Jesus. Ao qual Deus propôs para propiciação pela fé no seu sangue, para demonstrar a sua justiça pela remissão dos pecados dantes cometidos, sob a paciência de Deus; Para demonstração da sua justiça neste tempo presente, para que ele seja justo e justificador daquele que tem fé em Jesus" (Romanos 3:24-26 — ACF).

Deus se deu ao trabalho de mostrar o seu amor e ainda satisfazer a sua justiça. Como então a igreja se torna tão desequilibrada na sua apresentação? Algumas igrejas se baseiam no amor dele e tentam jogar a sua justiça para baixo do tapete, para só ser apresentada em situações severas. Outras igrejas manejam o martelo pesado da justiça de Deus, enquanto o amor dele está amarrado e guardado no armário.

Com incontáveis visões imprecisas de Deus, parece estranho estarmos confusos? Como resultado, não apresentamos uma visão precisa de Deus para os nossos filhos. Absorvemos teologias equivocadas sobre Deus e as passamos para eles.

Tim Kimmel, em seu livro *Grace-Based Parenting*, afirma:

> Eles [os estilos de criação] são o resultado de uma teologia dos pais. A teologia deles é uma combinação da forma como veem Deus e a forma como acham que Deus os olha. Se temos uma teologia com problemas em relação à atitude de Deus conosco, isso pode automaticamente criar uma reação em cadeia de decisões equivocadas sobre como criar os filhos. Também pode levá-los a não aproveitar a alegria, o coração e o poder de Deus em suas vidas. Essa é uma receita para a criança se rebelar e rejeitar o sistema de crenças dos pais.[19]

Refletimos o modo como vemos Deus na criação dos nossos filhos:

- como mostramos o nosso amor por eles.
- como falamos com eles.
- como ouvimos o que querem nos contar.

---

[18] GRUDEM, Wayne. *Systematic Theology*. Grand Rapids: Zondervan, 1994, p. 204.

[19] KIMMEL, Tim. *Grace-Based Parenting*. Nashville: Thomas Nelson, 2004, 16.

- como os tratamos quando erram.
- como/se celebramos as suas vitórias.
- como/se estamos disponíveis.
- como os perdoamos.
- quão pacientes somos.

O que a nossa forma de criação ensina aos nossos filhos sobre Deus? A razão pela qual queremos que eles saibam que os amamos acima de tudo não é porque teremos alguém para cuidar de nós quando formos velhos. É para que eles conheçam Deus, aceitem Cristo e depois vivam a vida abundante que Jesus promete aqui e na eternidade. Antes de mostrarmos Deus aos nossos filhos, devemos primeiro ter uma visão precisa de Deus e pensar como ele nos trata. Deus passou por muitos problemas e deu o seu precioso e único filho para se relacionar conosco.

Como Deus nos trata

Para uma olhada mais de perto no caráter de Deus, vamos rever o Salmo 103:8: "O Senhor é compassivo e misericordioso, mui paciente e cheio de amor."

Deus é compaixão

Compaixão é simpatia em ação. Em Lucas 10:25-37, Jesus conta a parábola do bom samaritano:

> Descia um homem de Jerusalém para Jericó, e caiu nas mãos dos salteadores, os quais o despojaram, e espancando-o, se retiraram, deixando-o meio morto (...) Mas um samaritano, que ia de viagem, chegou ao pé dele e, vendo-o, *moveu-se de íntima compaixão*; E, aproximando-se, atou-lhe as feridas, deitando-lhes azeite e vinho; e, pondo-o sobre o seu animal, levou-o para uma estalagem, e cuidou dele. (v. 30, 33-34 — ACF; ênfase nossa)

O samaritano foi vencido por suas emoções pelo homem machucado. Ele agiu de acordo com elas e cuidou fisicamente dele.

Compaixão também é usada em Lucas 15 para descrever as ações do pai do filho pródigo: "E, levantando-se, foi para seu pai; e, quando ainda estava longe, viu-o seu pai, e se moveu de *íntima compaixão* e, correndo, lançou-se-lhe ao pescoço e o beijou." (v. 20 — ACF; ênfase nossa). O pai amava tanto o filho que quando viu que ele vinha — parecendo agressivo e esfarrapado — as suas emoções o tomaram. Correu para encontrá-lo, abraçá-lo, beijá-lo e depois deu uma enorme festa para o filho. Deu ao seu filho o que ele não merecia — compaixão.

Deus tem compaixão por nós. "Assim como um pai se compadece de seus filhos, assim o Senhor se compadece daqueles que o temem" (Salmo 103:13 — ACF). Deus nos dá o que não merecemos. Ele esquece o nosso passado. Ele nos leva até a sua família. Ele nos ama tanto que cuida de todo detalhe das nossas vidas. Ajuda a curar as nossas feridas e os nossos erros.

Mostramos compaixão pelos nossos filhos ao ajudá-los sem permitir ou encorajar comportamentos pecaminosos. Como falei no capítulo 1, quando Katie avisou que se mudaria, o Espírito Santo me alertou que eu precisava da resposta correta imediatamente. Ou estava com ela ou não. Como nunca fui de perder a ação, me juntei a ela. Fui até a minha casa e peguei panelas, pratos e toalhas extras. Comprei um balde e enchi com produtos de limpeza. Apesar de não concordar com a decisão dela, vi que não era um pecado, então decidi apoiá-la. Ao fazer contribuições para o seu novo apartamento, me mantive relevante na sua vida.

Deus é benevolente

Benevolente significa "inclinar-se ou dobrar-se em gentileza com um inferior; favorecer".[20] Não há maior eufemismo que dizer que Deus é nosso superior. Isso nos dá alguma ideia do grau em que ele se inclina para nos mostrar gentileza e favor. Deus é benevolente conosco a cada minuto de cada dia. Ele exemplificou a benevolência quando enviou Jesus para assumir uma forma humana e viver com limitações humanas.

O pai do filho pródigo "repartiu por eles a fazenda" (Lucas 15:12 — ACF). Deu ao filho mais jovem a sua porção da herança. Enquanto o mais velho ficou com o pai e trabalhou na plantação, o pai se inclinou para favorecer o mais jovem, fazendo sacrifícios para recompensá-lo com a sua parte antes de morrer.

---

[20] STRONG, James. *Strong's Exhaustive Concordance of the Bible*. Iowa Falls, IA: AMG Publishers, 1986 — Velho Testamento, p. 53.

David contou uma das formas dos seus pais demonstrarem amor e graça: "Eles me levavam a viagens e férias especiais." No meio da dor que ele trazia às suas vidas, alguém pode acusá-los de querer fazer uma viagem para se afastarem de tudo aquilo? Mas Jan e George construíram intencionalmente uma relação com o filho e o incluíam na diversão. Todas essas viagens e férias colocavam amor no coração dele, mesmo que a sua resposta não fosse amorosa.

Deus é lento para ficar com raiva

É verdade. Ele não tem pavio curto. Ele aguenta muito; é paciente conosco.

Não sabemos por quanto tempo o filho pródigo esteve no distante país, mas foi tempo suficiente para gastar tudo que o seu pai deu. Isso pode ter demorado um tempo, já que não havia carros, TVs grandes ou eletrônicos para devorar o dinheiro como na economia de hoje. Passou tempo suficiente para que uma severa fome tomasse o país e colocasse o jovem em problemas. Finalmente, ele foi contratado por um fazendeiro e recebeu a responsabilidade de alimentar os porcos. Durante todo esse tempo não temos indicação de que o seu pai estava com raiva dos pecados ou das péssimas decisões do filho. Na verdade, o pai sempre esperava por ele. Quando finalmente o viu, sentiu compaixão e correu até ele.

Acabei deixando de lado a minha atitude traumatizada. Quando Katie vinha com certo tom na voz que significava "Vou falar algo que vocês não vão gostar", aprendi a não ficar brava. Ouvia (e ainda ouço) o que ela falava e depois dava o melhor conselho que podia. Eu me mantinha dentro dos princípios bíblicos, sem enchê-la, mas falando a verdade de Deus sem as gírias cristãs. Não falava "eu tinha dito" ou "se você não tivesse _____, isso não teria acontecido". Não tentamos protegê-la das consequências, mas a ajudamos a tomar as melhores decisões por causa das circunstâncias. Raiva nenhuma ajudaria na sua situação.

Deus está cheio de amor e bondade

O *Ryrie Study Bible* faz esse comentário sobre o amor e a bondade de Deus: "Significa ser um amor leal, firme ou fiel e mostra a ideia de uma participação dos envolvidos na relação de amor. Oseias 2:19 mostra o amor fiel de Deus para o seu povo infiel."[21] Deus nos ama até quando somos infiéis (e para sermos honestos, é a maior parte do tempo).

O pai do filho pródigo manteve o amor fiel pelo seu filho, apesar de ele não mostrar a menor preocupação pelo pai. Notem que ele deixa o filho ir para o país distante, onde ele "desperdiçou os seus bens vivendo irresponsavelmente" (Lucas 15:13). O pai não poderia ter ficado feliz com ele, mas nunca esqueceu que ele era seu filho.

Respire fundo. Você deve estar pensando: "Mas eu o amei por um longo tempo!" Eu sei. Brennan, agora com 35 anos, testou o amor e a paciência da sua mãe, Deb. No ensino médio, ele ficou amigo de um rapaz que era, nas palavras de Deb, "da rua". Esse rapaz estimulou a rebeldia de Brennan. Quando era mais velho, ele foi preso por tentar vender maconha na escola; foi suspenso e a sua família precisou matriculá-lo em outra escola para que ele conseguisse se formar. A sua jornada era uma espiral decadente de bebida, drogas e prisão. Deb encoraja os pais: "Podemos amar os nossos filhos e não gostar do que fazem." Nos próximos capítulos, vamos falar mais sobre o que isso quer dizer e mostraremos Deus aos nossos filhos pela forma como perseveramos no amor por eles.

Deus é paciente conosco

Paulo afirmou que 1Timóteo 1:16 (ACF): "Mas por isso alcancei misericórdia, para que em mim, que sou o principal, Jesus Cristo mostrasse toda a sua longanimidade, para exemplo dos que haviam de crer nele para a vida eterna." Paulo contou que acreditava que era "o pior dos pecadores" e ainda Deus mostrou "imensa paciência" com ele como uma forma de encorajamento para o resto de nós. Se Deus era paciente assim com Paulo, que perseguiu a primeira igreja "e persegui este caminho até à morte, prendendo, e pondo em prisões, tanto homens como mulheres" (Atos 22:4 — ACF), ele é paciente conosco.

Não sabemos quanto tempo o filho ficou no país distante, mas deve ter sido meses ou até anos. Se o seu filho toma decisões com as quais você não concorda, conhece a agonia desse longo exílio. O estresse que você e a sua família sentem faz com que a passagem do tempo seja dolorosa. Isso torna a resposta do pai ao seu filho mais

---

[21] RYRIE, Charles Caldwell. *Ryrie Study Bible*. Chicago: Moody Publishers, 1976, 1978. p. 1337.

incrível ainda. Não foi como se o filho tivesse viajado por uns dias; o pai esperava com expectativa o retorno do filho por um longo tempo. Ele esperou pacientemente pelo arrependimento do filho. O que falta nessa história é tão poderoso quanto o que é contado. Não há sinal de que o pai reclamou ou xingou o filho. Como ele poderia ainda ter a compaixão e o amor que mostrou pelo filho quando este voltou?

Essa é a paciência que devemos mostrar a cada um, incluindo os nossos filhos. Wayne Grudem joga luz sobre como podemos mostrar a paciência de Deus: "Como a maioria dos atributos de Deus que devemos imitar nas nossas vidas, a paciência exige uma confiança momento a momento em Deus, para cumprir as suas promessas e propósitos nas nossas vidas no seu tempo escolhido. A nossa confiança que o Senhor vai logo cumprir os seus propósitos para o nosso bem e para a sua glória vai permitir que sejamos pacientes."[22] Não confiamos somente que Deus trabalha todas as coisas para o nosso bem e para a sua glória, mas também que ele vai trabalhar todas as coisas para o bem dos nossos filhos e para a glória dele. Como Deb, a mãe de Brennan, conta: "Você só precisa seguir em frente com eles." Note que o pai do filho pródigo não traz a confusão dele junto. A sua raiva não fica mais forte com o passar do tempo. Ele está em casa com o coração dizendo: "Quando você estiver pronto para mudar a sua vida, estarei aqui — e vou correr para recebê-lo de braços abertos!"

Deus está sempre disponível

Deus está sempre disponível para nós. Ao colocar em prática tudo que você aprendeu, diga ao seu filho: "Estou aqui para ajudá-lo." Esteja disponível, pois os seus filhos *precisam* saber que são a sua prioridade — acima do trabalho e das suas distrações egoístas. Sim, o seu casamento vem primeiro, mas alguns pais dedicam mais tempo um ao outro (e aos seus amigos) do que é necessário enquanto os filhos são obrigados a se virar. Eles sentem quando não são a prioridade.

A igreja é importante, mas tome cuidado, pois ela não é a nossa relação com Deus. Uma tarde passada em família ou o tempo gasto levando os filhos para ver um filme ou tomar um café vale mais do que qualquer jovem líder do grupo tentando influenciá-los. Disponibilidade para os filhos mostra de forma clara o seu amor por eles.

---

[22] GRUDEM. *Systematic Theology*, 201.

Esteja em casa quando eles estiverem em casa e disponível para ajudar quando eles precisarem, quando eles quiserem falar.

Eu voltei à faculdade. Achei que seria invisível para os jovens estudantes e não via nenhum problema. Em vez disso, eu me tornei a "garota popular" — todos os outros estudantes queriam conversar comigo. Fiquei encantada, por já ser uma mãe com idade. Por que eles iriam querer falar comigo? Contei meu espanto a Katie e a sua resposta foi: "Mãe, eles gostam porque você ouve. Ninguém ouve o que eles querem dizer, só você." Isso é muito triste.

Mesmo quando os filhos aparecem com a cara de "não me incomode", eles querem que alguém se importe. Recentemente, fomos a uma reunião na casa dos nossos amigos. Havia uns amigos da filha deles, com 15 anos também. Os jovens estavam no porão da casa e os adultos, na sala. Notei que uma linda garota seguiu a minha amiga por todos os lados e conversava com ela sem parar. A menina tinha um rosto lindo, com uma personalidade muito doce. Mais tarde fiquei triste ao descobrir que ela tinha começado a sua vida sexual depois da morte do pai. O padrasto não a tratava bem e ninguém passava muito tempo com ela, que só encontrava a atenção que precisava com um garoto do último ano da escola. É isso que queremos para os nossos filhos?

Estar disponível para o seu filho significa fazer sacrifícios. Estar com eles quando chegam da escola — mesmo quando estão no ensino médio ou na faculdade. Preparar as refeições. Isso mostra bastante que você se importa com eles. Atender as suas ligações e responder as suas mensagens imediatamente. Uma forma de manter o contato com Katie é sempre falar com ela quando liga, pois a minha filha nunca liga para uma conversa rápida — o faz porque precisa processar verbalmente as coisas que estão acontecendo e conseguir conselho ou encorajamento. Se não posso conversar naquele momento, digo quando poderei, e me esforço para que seja em breve.

Estar disponível para o seu filho mostra que Deus está sempre disponível para eles. A cena em Lucas 15:20 é um exemplo de como podemos mostrar a disponibilidade de Deus aos nossos filhos. O pai estava pronto para a volta do filho. Ele tinha trabalhado as suas feridas e estava pronto para reconciliar. Os braços do pai não estavam cruzados, mas abertos. Da mesma forma, Deus está sempre pronto para um relacionamento conosco. O trabalho de Jesus na cruz possibilitou isso. Ao colocar em prática tudo que está aprendendo, você fala para o seu filho: "Estou aqui para você."

Isso me faz lembrar uma coisa: os seus filhos veem como você aproveita a disponibilidade de Deus através da oração e da leitura da Bíblia? Queremos que os nossos filhos se aproximem de Deus, mas estamos seguindo ou só apontando o caminho? Os pais de Nathan, Susan e Gary, lhe mostravam o caminho. "Os meus pais são pessoas muito devotas. Eu me lembro desde criança que eles eram felizes e cuidadosos porque amavam Deus... Deus era bom e eu sabia disso pela maneira como ele cuidava dos meus pais."

Durante os anos de rebeldia de Nathan, a única coisa que ele nunca esqueceu e sabia no seu coração era que os seus pais amavam Deus e eram amados e zelados por ele. Eles limparam o caminho do seu filho até Deus pela forma como viviam a sua relação com o Senhor.

AS MENTIRAS DOS INIMIGOS

A ferramenta mais eficiente do inimigo para deixar os cristãos impotentes é o uso de mentiras. Porque ele é o "pai da mentira" (João 8:44), ninguém mente melhor do que ele. As mentiras seguintes têm o objetivo de evitar a sua confiança em Deus, de construir um relacionamento saudável com o seu filho ou de lhe mostrar Deus.

Mentira nº 1: Deus desistiu do seu filho

O seu filho não é um desafio tão grande para o amor de Deus. Em Lucas 15, pouco antes da história do filho pródigo, Jesus conta a parábola da ovelha perdida:

> Que homem dentre vós, tendo cem ovelhas, e perdendo uma delas, não deixa no deserto as noventa e nove, e vai após a perdida até que venha a achá-la? E achando-a, a põe sobre os seus ombros, jubiloso; E, chegando a casa, convoca os amigos e vizinhos, dizendo-lhes: Alegrai-vos comigo, porque já achei a minha ovelha perdida. Digo-vos que assim haverá alegria no céu por um pecador que se arrepende, mais do que por noventa e nove justos que não necessitam de arrependimento. (v. 4-7 — ACF)

Deus vai perseguir a sua ovelha perdida, pois ele não quer nada mais do que trazê-la de volta. Lembre-se: o amor, a gentileza e a paciência de Deus por nós são os mesmos que ele tem pelos nossos filhos.

Mentira nº 2: Deus tem vergonha do seu filho, e você também deveria ter.

Deus não tem mais vergonha do seu filho do que de todos os seus outros filhos. Em Lucas 15:20 (ACF), lemos que quando o pai (representante de Deus) viu o filho (todos os filhos de Deus) "quando ainda estava longe, viu-o seu pai, e se moveu de íntima compaixão e, correndo, lançou-se-lhe ao pescoço e o beijou". Isso não parece um pai que sente vergonha do filho. Se Deus não sente vergonha dele, nós não deveríamos sentir. Os nossos filhos percebem o que sentimos por eles sem que precisemos abrir a boca. Se as suas palavras, o seu tom de voz, as suas ações ou atitudes mostram um pouco de vergonha, o seu filho saberá e poderá transferir esses pensamentos para Deus também. Por que uma criança iria querer ter um relacionamento com os seus pais ou com Deus se acha que todos sentem vergonha dela?

Mentira nº 3: Deus nunca vai abençoar ou restaurar o seu filho depois de tudo que ele fez.

Talvez você acredite nisso, mas é uma mentira. Deus vai nos usar até o nosso último suspiro se cooperarmos com ele. Moisés pecou muito ao não acreditar em Deus e não honrá-lo em frente a Israel, então não teve a permissão de entrar na Terra Prometida (Números 20), mas ele levou a nação de Israel direto para lá (Deuteronômio 34). Moisés é honrado em toda a Bíblia — é chamado de o homem "mais humilde do mundo" (Números 12:3 — NTLH) —; apareceu na transfiguração de Jesus (Mateus 17:3); Deus falou dele: "Não é assim com o meu servo Moisés que é fiel em toda a minha casa. Boca a boca falo com ele, claramente e não por enigmas; pois ele vê a semelhança do Senhor" (Números 12:7-8 — ACF); e Jesus falou muito bem dele em todos os Evangelhos.

Para um exemplo do Novo Testamento de bênção, restauração e incrível ministério, o meu primeiro pensamento sempre se volta para Pedro. Lucas 22:54-62 relata a história de Pedro negando Jesus três vezes antes do cantar do galo: "E logo, estando ele [Pedro] ainda a falar, cantou o galo. E, virando-se o Senhor, olhou para Pedro" (v.

60-61 — ACF). Isso sim é falhar com Jesus. Aqui Pedro é que age com vergonha do seu mestre, e depois Jesus se vira e olha direto para os olhos dele. Até onde sabemos, Pedro não vê Jesus novamente antes da sua morte e ressurreição. Em João 21:15-19, Jesus restaura Pedro no seu lugar de liderança e ministério na sua igreja.

Sempre há esperanças para as crianças. Deus espera que o seu filho volte para ele abençoá-lo e usá-lo.

Mentira nº 4: Você é o canal do Espírito Santo até o seu filho.

Você *não* é a voz de Deus para o seu filho.

Não devemos lembrar os nossos filhos dos seus erros, decisões ruins ou pecados. Não somos responsáveis por lhes oferecer um plano para a vida. Eles sabem como nos sentimos sobre os problemas deles. Eles nos ouvem citar capítulo e versículo para eles. Por isso não devemos atacá-los com as Escrituras, mas viver o que acreditamos. Às vezes, a melhor coisa que podemos fazer é deixar que eles fracassem, e ficar calados.

Mentira nº 5: Bons pais sobem e descem a montanha-russa com os seus filhos.

Não é sua responsabilidade andar pela montanha-russa que o seu filho chama de vida. Deus não anda por montanhas-russas também. As decisões dele podem ser cada vez mais loucas, mas não é nosso dever deixar que tais decisões definam a nossa vida ou dia. Deus nos ama, mas as nossas escolhas erradas não atrapalham os planos dele. "Bem sei eu que tudo podes, e que nenhum dos teus propósitos pode ser impedido", Jó disse a Deus (Jó 42:2 — ACF).

Mateus 19:16-26 conta a história do jovem legislador que perguntou a Jesus o que devia fazer para ter a vida eterna. Depois de uma conversa com Jesus que terminou com: "vai, vende tudo o que tens e dá-o aos pobres, e terás um tesouro no céu; e vem, e segue-me", o jovem "retirou-se triste, porque possuía muitas propriedades" (v. 21, 22 — ACF). Jesus deixou que ele fosse embora e retomou o ensinamento com os seus discípulos. Sim, tenho certeza que Jesus ficou muito triste, mas não deixou que a decisão errada daquele jovem definisse o seu dia ou atrapalhasse o plano de Deus para ele.

Você abandona a montanha-russa ao se recusar a participar quando o seu filho conta o seu problema mais recente. Você se recusa a entrar na montanha-russa quando não o resgara de imediato. Aconselhe baseando-se na Bíblia, mas não corra para protegê-lo. Você participa da vida dele como uma mãe amorosa e constante, não como alguém que cria desculpas para o seu mau comportamento.

Isso nos leva à próxima mentira.

Mentira nº 6: É nosso dever garantir a felicidade dos nossos filhos ou que sejam felizes conosco.

O seu filho pode tentar culpá-lo pela bagunça na vida dele, mas você não a criou, então a culpa é dele. O pai na parábola permitiu que o filho tivesse uma "vida desregrada", entendesse sozinho, se arrependesse e voltasse para casa. O pai também foi firme com o filho mais velho quando o pródigo voltou. Leia um pouco mais a história do filho pródigo e veja como o filho mais velho reagiu quando o irmão que alimentava porcos voltou para casa e foi recebido como um herói:

> O filho mais velho encheu-se de ira, e não quis entrar. Então seu pai saiu e insistiu com ele. Mas ele respondeu ao seu pai: "Olha! todos esses anos tenho trabalhado como um escravo ao teu serviço e nunca desobedeci às tuas ordens. Mas tu nunca me deste nem um cabrito para eu festejar com os meus amigos. Mas quando volta para casa esse seu filho, que esbanjou os teus bens com as prostitutas, matas o novilho gordo para ele!" (Lucas 15:28-30)

O pai não adulou o filho mais jovem para que ele ficasse, mas gostou quando ele voltou. O pai falou tranquilamente a verdade para o filho mais velho esperando que ele comemorasse com todo o resto. Ele começou: "Meu filho, tu sempre estás comigo, e todas as minhas coisas são tuas" (v. 31 — ACF). Você consegue ouvir na voz do pai o amor e a apreciação por tudo que o filho mais velho fez? Ele mostrou a razão para celebrar: "Mas era justo alegrarmo-nos e folgarmos, porque este teu irmão estava morto, e reviveu; e tinha-se perdido, e achou-se" (v. 32 — ACF). O pai estava feliz e aliviado, e queria comemorar com todo mundo, especialmente com o filho mais velho. No entanto, o texto não indica que o filho mudou de ideia, nem o pai. Este amava os dois e não mudou a sua forma de criação para deixar nenhum deles feliz com ele.

Deus não tenta nos apaziguar para que façamos escolhas melhores. Nós mostramos Deus aos nossos filhos sendo pais fortes e firmes, não alguém que possam manipular. Oswald Chambers nos chama de "a forte e calma sanidade que o nosso Senhor dá àqueles que são íntimos com ele".[23]

***

Quando David não voltou para a faculdade depois do feriado de Natal, Jan e George perceberam que ele precisava de ajuda. O conselheiro sugeriu que eles fizessem uma intervenção para colocá-lo em algum lugar que pudesse ajudá-lo. Durante a intervenção, Jan não aguentou e começou a chorar. Ela se lembra: "A pior coisa que fiz na frente do meu filho foi chorar. Terminou toda a comunicação e causou mais culpa. Mostrou que eu era a pessoa mais fraca." Quando exibimos força e calma, mostramos aos nossos filhos que merecemos respeito e que vamos amá-los acima de tudo.

Mostrar o Deus verdadeiro aos nossos filhos é uma tarefa infinita e a qual nunca estaremos adequados. No entanto, é a nossa tarefa porque somos pais. Deixe que esse chamado o mantenha aos pés de Deus e em constante contato com ele. Mostre-lhes o amor que Deus mostra a você. Esteja sempre a postos para eles — mesmo se não souber o que falar, esteja presente, e o resto se resolverá.

---

[23] CHAMBERS, Oswald. *My Utmost for His Highest*. Urichsville. OH: Barbour Publishing, Inc., 1963, p. 7.

CAPÍTULO 7
ENTÃO, É ASSIM QUE UMA MÃE LEGAL AGE

Formas práticas de construir um relacionamento duradouro com os seus filhos

Você sabe quem mais insistiu para que eu escrevesse este livro depois de dar conferências sobre este material por três anos? Sabe quem realmente estava preocupada comigo quando, no último inverno, Deus me colocou fora da estrada por uns meses sem nenhuma oportunidade para escrever e pouquíssimas oportunidades de conferências? Quem me procurou em mais de uma ocasião e falou: "Mãe, quando você vai trabalhar no seu livro?"

Katie. Sim, Katie, aquela que inspirou este livro e que ainda está vivendo a vida do jeito dela, foi a primeira a me encorajar a escrevê-lo. Fico espantada com o relacionamento que temos. Ainda somos duas pessoas muito diferentes. Sabemos quais assuntos evitar para não brigarmos depois de duas frases. Mas somos as maiores fãs uma da outra.

Como isso acontece? Da minha parte — muita oração, morte do ego e permissão para que Deus me mudasse. Não estou me gabando de nenhuma maneira; estou afirmando os fatos. Qualquer coisa boa que tenha transmitido às minhas filhas veio de Deus. Ele mudou o coração desta mãe irritada, orgulhosa e brava. Deus trabalhou no coração de Katie também. Ele a ajudou a me perdoar e ver o quanto eu a amava durante o seu processo de amadurecimento.

Há muitas coisas que vocês, pais, podem fazer para construir um relacionamento com os seus filhos. Vamos discutir a construção das relações e depois exercitar os limites saudáveis nessas relações.

Entretanto, primeiro devemos mostrar a eles que levamos a sério a construção de um relacionamento com eles.

Estabeleça regras claras

Defina o que não é negociável. Estabeleça um *limite* real. Você deve usar diretrizes morais e legais. Para nós, o limite não negociável é uma extensão das nossas regras caseiras. As nossas filhas sabem disso. Abaixo apresento uma lista para considerar quando quiser determinar o que não é negociável:

- comportamento ilegal
- consumir álcool — depende das regras na sua casa, se você e/ou o seu cônjuge bebem, e as suas diretrizes. O seu filho vai obedecer ou seria melhor não ter nenhum álcool na casa para evitar conflito?
- dividir o quarto com uma pessoa do outro sexo (a menos que esteja casada)
- falar palavrões ou gritar, incluindo falar o nome de Deus em vão
- amigos que não obedecem às regras da nossa casa
- minar a autoridade paterna com as outras irmãs

Com as suas diretrizes estabelecidas, você está pronta para construir um relacionamento saudável com o seu filho. Como mostrarei, há muitas coisas que você pode fazer para construir esse relacionamento, mas até onde ele vai crescer depende do seu filho. Romanos 12:18 (ACF) diz: "Se for possível, quanto estiver em vós, tende paz com todos os homens." Relacionamentos funcionam como uma bicicleta para duas pessoas — é melhor quando duas pessoas pedalam juntas.

Construa a relação

A relação com o seu filho pode precisar de muitos reparos, ou pode ser totalmente destruída e reconstruída do zero. Qualquer que seja o grau de construção que o seu relacionamento exige, a situação tem esperança. Lembre-se das palavras de Gabriel para Maria: "Porque para Deus nada é impossível" (Lucas 1:37 — ACF). Enquanto constrói a relação com o seu filho, procure a orientação de Deus e peça para que atue forte no seu filho, em si mesmo e no relacionamento. Ele é fiel e nada é impossível com Deus.

Não morda a isca

Os filhos sabem como nos controlar como ninguém, e nós devolvemos o favor. Da próxima vez que se comunicar com o seu filho, ignore as pequenas coisas que a incomodam e que logo levam ao desentendimento. A veia artística de Katie faz dela naturalmente bagunçada. Quando ela vem nos visitar no fim de semana, larga tudo que traz ao lado da porta. A bolsa enorme, o notebook, pelo menos uma bacia de roupa para lavar e vários materiais artísticos são deixados no balcão da cozinha, uma das áreas mais lotadas da casa. Quando peço, com jeito, para ela me ajudar a arrumar as coisas, ela aceita, mas há alguns anos, isso teria causado uma briga. Então eu resmungava e levava as coisas para o quarto dela, onde ela poderia ter a bagunça que quisesse. Responsabilidade pessoal é importante para mim, mas a vida e Deus agora ensinam a ela essas questões. Não quero diminuir o número ou a duração das suas visitas por ficar reclamando dos seus hábitos.

[Pensamentos da Katie]

Pode ser a criança cabeça-dura falando por mim, mas notei que normalmente quando a minha mãe para de reclamar, eu também paro. Lembro quando percebi que ela não reclamou mais porque as minhas coisas estavam por todos os lados, então decidi arrumá-las. Quando não era um problema, eu não precisava criar um. Criar problemas por coisas que não importam pode confundir os dois lados envolvidos.

Guarde os seus comentários para você

Uma das reprimendas mais necessárias e mais usadas da minha mãe contra mim e as minhas irmãs era: "Guarde os seus comentários para você." Nada causa problemas mais rápido do que alguém fazendo um comentário que não ajuda em nada. "Não saia da vossa boca nenhuma palavra torpe, mas só a que for boa para promover a edificação, para que dê graça aos que a ouvem" (Efésios 4:29 — ACF). Pense nos conflitos que você poderia ter evitado se tivesse guardado os seus comentários pouco edificantes para si mesma. O mesmo é verdade quando o seu filho fala algo no meio da conversa para que você responda de alguma forma. Se não está na lista de questões não negociáveis, não responda. Katie não concorda com a nossa visão política, nem concorda totalmente com a nossa fé. Se a conversa vai pra esse lado, eu fico em silêncio ou mudo de assunto, pois ela sabe como me sinto e sei como ela se sente.

Donna aprendeu essa lição rapidamente depois que Allison se casou com Thomas, e aconselha os pais: "Não faça comentários críticos ou perguntas que levariam a um comentário crítico." Ela sabia quais eram os pontos fracos de Thomas e sempre os evitava nas conversas. Como resultado, ela conta, o relacionamento com a sua filha é bom, pois Allison não precisa ficar defendendo o seu marido.

Mantenha-se envolvida

Pergunte sobre os amigos do seu filho sem mencionar questões imorais ou ilegais. Aqueles jovens são como os seus filhos — eles podem estar metidos em questões complicadas, mas ainda são jovens que precisam de amor. Tente vê-los como pessoas com as suas próprias feridas, mostre uma preocupação genuína. Que tal convidá-los para uma refeição e deixar que levem um pedaço de pão feito em casa ou um pacote de biscoitos? Comida transmite amor e conforto. É uma coisa pequena que você pode fazer para mostrar o amor de Cristo.

Pergunte sobre algo positivo na vida do seu filho — escola, trabalho, interesses e assim por diante. David falou que isso era algo que os seus pais, Jan e George, faziam bem: "Eles eram bem consistentes em me mostrar que se preocupavam comigo. Não só falando, mas também trabalhando ativamente. Perguntando se eu gostaria de acompanhá-los, tentando se envolver na minha vida, conversando comigo, perguntando sobre a escola e a vida."

[*Pensamentos da Katie*]

Adoro receber cartas da minha família quando estou na faculdade. Não acho que muitos pais ainda mandem coisas para os seus filhos, especialmente desde que a maioria dos adultos tem Facebook. Pais acham que um comentário no perfil dos filhos é o mesmo que um pacote com presentes, mas não é.

Eu apreciei e me certifiquei que os meus pais estariam sempre disponíveis. A minha mãe estava sempre em casa depois da escola ou quando eu voltava para casa depois de um evento. Nunca precisei me perguntar onde estavam os meus pais ou quando eles iam voltar para casa. Eles é que faziam isso por mim! Durante o ensino médio, quando eu vinha para casa passava as noites no meu quarto. Mas sempre soube que se quisesse conversar, era só cruzar o corredor.

Nunca diga "eu avisei"

Um dia o seu filho vai entrar em casa e falar: "Mãe, pai, vocês estavam certos. Eu não deveria ter _____." Ou pode falar: "Mãe, pai, eu fiz o que vocês disseram que não devia fazer e _____ aconteceu." Pode demorar um tempo para você ouvir essas palavras, mas a tentação de dizer "eu avisei" será forte. Na verdade, se você tiver essa atitude, será perceptível. O seu filho saberá que você está pensando isso. Então não pense, pare de pensar. Em vez disso, assuma o papel da fã.

Seja a maior fã do seu filho

Nós somos os maiores fãs das nossas filhas. Incentivamos as suas boas escolhas e os seus sucessos — não importa quais sejam. Ajudamo-las a processarem os fatos quando elas precisam tomar uma decisão. Chamamos isso de "não descarrilhar". Ajudamos de uma maneira saudável para que elas continuem se movendo de uma forma saudável.

Alguns anos depois que Katie se mudou, ela e Mark ficaram noivos. Após oito meses Mark terminou tudo e a culpou. Ela então chegou ao fundo do poço: "Depois da ruptura, fiquei bastante deprimida e isso levou a uma falta de interesse no meu futuro. Quanto menos eu pensava no que ia fazer, menos importante isso se tornava. No final, acabei totalmente empacada."

Um dia, Katie e eu estávamos em casa e, conversando casualmente, perguntei: "Por que você não aguenta o tranco e consegue o dinheiro que precisa para terminar a faculdade?"

Ela assentiu e falou: "Está bem." Isso significava que ela ia pensar, mas não estava se comprometendo com nada.

Não pensei ou mencionei isso outra vez. Então um dia levei a minha mãe para visitar a sua irmã em uma casa de repouso. Katie me ligou e explicou, animada, que tinha encontrado uma universidade que seria ótima para a sua carreira e que poderia aproveitar todas as matérias que já havia cursado. Eu não tinha ideia de que ela considerara a minha ideia de terminar a faculdade. Com um pouco de encorajamento para aguentar os tempos ruins, ela se matriculou numa universidade estadual. O seu pequeno vagão estava andando de novo. Ela vai se formar daqui a um ano com 26 anos. Ela perseverou e o final está perto! Há poucos meses ela me falou: "Mãe, se você não tivesse sugerido que eu voltasse a estudar, não sei o que teria feito. Não tinha plano nenhum."

Terminar o seu curso parecia o passo seguinte. Eu não apresentei um plano quinquenal para ela. Ofereci uma sugestão e uma forma para que isso acontecesse, e parei de falar.

[Pensamentos da Katie]

O conselho e o constante encorajamento da minha mãe me ajudaram a sair do buraco que eu mesma cavei. Mesmo uma sugestão tão óbvia como a universidade não me ocorreu. Eu tinha ficado cega em relação às minhas opções por causa do foco nos meus problemas.

Seja verdadeira

Os meus esforços de mostrar à Katie (e às suas irmãs) que as amava acima de tudo teve mais a ver com mudanças em mim do que nelas. Essa é a chave para um relacionamento significativo com os nossos filhos: devemos deixar Deus nos ajudar a sermos os pais que eles precisam que sejamos. Quando temos um relacionamento com eles, temos influência, voz, uma oportunidade de ajudar e uma forma de lhes mostrar Deus. Para ter um relacionamento significativo, devemos ser genuínos. Devemos realmente cuidar deles, e não tentar consertá-los ou nos preocupar com o que os outros vão pensar.

Nathan conta que os seus pais faziam isso muito bem. "Eles sempre estiveram muito preocupados com quem sou, como me sinto e o que penso", ele conta. Susan e George lhe dedicaram tempo e atenção para que ele soubesse disso.

Nathan afirma que eles lideram pelo exemplo: "Eles são o mais próximo a santos que eu conheço." As nossas vidas devem combinar ou exceder o que falamos. Lembre-se: os nossos filhos nos conhecem melhor do que qualquer pessoa. Não há como enganá-los.

Seja verdadeiro com eles. Deixe que vejam o seu eu verdadeiro. Você é engraçado? Então mostre o seu humor. Mesmo se eles não rirem abertamente das suas piadas, estarão rindo por dentro. Quando Katie era caloura no ensino médio, meu marido começou uma brincadeira com ela que acabou se tornando uma tradição familiar. Gene buscava Katie toda quinta-feira depois do ensaio da banda de música. A minha irmã e a sua família (os Bell) moram no caminho para a escola. Uma noite, voltando para casa, bem quando estavam se aproximando da casa da minha irmã, Gene falou: "Katie..."

"O quê?"

"Parece que os Bell estão se preparando para dormir."

Não é hilário, eu sei, mas na semana seguinte ele fez a mesma coisa quando estavam perto da casa dela.

Só que dessa vez Katie respondeu com um "Oh, pai!" Ele a ganhara. Ela, sem suspeitar, tinha caído na sua piada tola. Meu marido continuou com essa tradição até Katie começar a dirigir. Depois, ele usou com as outras duas. Na maioria das vezes, as garotas estão distraídas, então ele consegue falar a frase e elas caem na brincadeira — pela enésima vez.

Sim, é bobo, mas não tem problema porque é nossa brincadeira familiar. Se você tem um senso de humor inteligente, abençoe os seus filhos com ele. Será mais um tijolo firme na ponte que a liga com o seu filho.

Tem habilidades artísticas, criativas ou musicais? Convide o seu filho a dar uma olhada na sua última criação ou ouvir uma obra na qual você esteja trabalhando. Eu envio blogs, desenhos ou livros sobre o processo criativo para Katie, porque é uma área onde nos conectamos — ela com a sua arte e eu com a minha escrita. E os esportes? Ou talvez você seja uma ouvinte inteligente e tranquila. Faça uma pergunta que o seu filho vai gostar de responder — o que ele acha de algo que a interessa? Então deixe que fale enquanto desfruta a sua *atenção total*.

Os pais de Nathan faziam isso muito bem. Ele mesmo conta: "Os meus pais prestavam atenção ao que eu falava e estavam realmente interessados e preocupados. Eu quero — e acho que todo mundo quer — que as pessoas ao redor precisem de mim, e o que elas falam é parte disso. Acho que é uma grande parte disso."

Envolva o seu filho na vida familiar

Como discutimos anteriormente, os anos de faculdade de Grace foram difíceis para todos. Ela tomava decisões que seus pais não gostavam, o que minava a relação deles. O que manteve a porta aberta foi tratá-la como membro da família. "Sentia como se fosse parte da família", ela conta. "Passava os meus feriados em casa. Quando era hora de comemorar, eles não traziam os meus problemas para dentro de casa." Ao incluir Grace em uma vida familiar normal, os seus pais criaram uma zona segura para que o relacionamento com Grace florescesse.

Nessa zona segura, a semente do relacionamento pôde crescer. Com o crescimento dos relacionamentos, os pais ganham mais influência na vida dos filhos — não para usar de maneira manipuladora, mas curadora. Quando o seu filho a procura pedindo conselhos, ofereça o que está na Bíblia sem o sermão ou as referências às Escrituras. Dê a ele a verdade espiritual que precisa e que pode absorver no momento. Uma referência às Escrituras pode fazer com que ele pare de ouvir. Haverá um tempo para essas referências, mas não nesse primeiro momento. Seja sensível à liderança de Deus.

O objetivo ao amar os nossos filhos acima de tudo é deixar a porta para Cristo bem aberta. Jesus abriu um caminho até ele ao criar uma zona segura onde as necessidades das pessoas eram satisfeitas. Muitas vezes, ele curou primeiro os seus problemas físicos. Depois eles estavam prontos para ouvir como podiam ser curados espiritualmente. Criar uma atmosfera onde os seus filhos se sentem confortáveis e abaixem a guarda será um processo que pode demorar meses ou anos. Deus está trabalhando no seu plano, então podemos relaxar e confiar no seu progresso. Dedique o seu tempo a construir uma relação com o seu filho. Pode ser que você não fale com ele sobre questões espirituais, mas pode ir preparando o terreno para a pessoa que o seu filho ouvirá.

Fale de forma amorosa com o seu filho

Parte da mudança que Deus trabalhou em mim foi me mostrar como falar de forma amorosa com Katie para que ela pudesse ouvir e receber. Uma vez, depois que fiz uma apresentação sobre esse material, uma mãe me perguntou: "Estou sempre marcando almoços com a minha filha e ela sempre fura. O que devo fazer?" Eu respondi: "Não marque mais nenhum almoço com ela." Aparentemente, almoçar juntas não era uma forma importante de dizer "eu a amo acima de tudo" para essa filha. Eu desafiei a mãe a descobrir quais ações mostravam o amor dela pela sua filha.

[Pensamentos da Katie]

Como papai me demonstra amor:

- *ajudando com os meus projetos, resolvendo problemas.*
- *emprestando/comprando ferramentas e me ensinando a usá-las.*
- *conversando comigo sobre a escola e sobre os seus novos empregos e hobbies.*

Como mamãe me demonstra amor:

- *mostra interesse nas minhas aulas da universidade.*
- *fala comigo no telefone enquanto estou na universidade.*
- *às vezes compra algum presente bonito para que eu saiba que ela está pensando em mim.*

Estude o seu filho. Lembre-se da época em que ele era criança. O que o fazia sorrir? Quais ações ou palavras suas levavam a uma resposta positiva? O dr. Gary Chapman escreveu excelentes livros para ajudá-la a aprender a falar a linguagem do amor com o seu filho. (Veja a lista de fontes no final deste livro.) Descubra o que demonstra o amor pelo seu filho e aprenda essa linguagem!

Use ao máximo a tecnologia

Definitivamente, não sou muito boa com tecnologia, mas sei o suficiente para me virar. Vou apresentar uma ideia simples, mas muito poderosa. Use a tecnologia para construir um relacionamento com o seu filho. Eu mando mensagens de texto para minhas filhas com um pensamento ou uma foto que acho que as fará sorrir.

Mando uma pergunta rápida. Katie adora o nosso gato, então eu mando fotos dele fazendo algo engraçado ou lindo. Ela adora. Como eu sei? Recentemente, ela estava olhando as fotos e fez um comentário divertido sobre elas. Era a sua forma de dizer "Obrigado por me incluir, mãe". Com o uso da tecnologia, construímos relacionamentos com eles sem invadirmos as suas vidas. Essencialmente, estamos perto deles quando eles têm tempo para nós. Funciona bem para os dois lados.

Uma palavra de atenção: lembre-se que o Facebook é nada mais do que isso — uma rede social. Use-a com cuidado quando postar qualquer coisa sobre o seu filho ou fotos deles. Um erro tem o potencial de ser mais embaraçoso do que acompanhá-los ao baile de formatura, dançar com eles e usar o *seu* vestido de formatura. Eu odiaria que algum erro no Facebook atrapalhasse o relacionamento que trabalhei tão duro para conquistar com as minhas filhas. Isso também vale para qualquer forma de mídia social.

Para ser eficiente, todas as nossas tentativas positivas de construir um relacionamento devem acontecer dentro das fronteiras da saúde emocional. Sem fronteiras saudáveis, os nossos esforços podem ajudá-los a tomar decisões ruins ou piorar as questões que estamos querendo resolver.

Ame e aceite o seu filho onde ele estiver

Jesus é o melhor modelo de alguém que amou e aceitou as pessoas onde elas estavam. Na verdade, ele continua aceitando. Foi por isso que eu e você entramos na família dele. Ele nos aceitou como éramos.

É exatamente o que o pastor Logan e a sua família fizeram quando adotaram Susan, na época com 14 anos. Ele conta que Susan "não tinha tido nenhuma vida espiritual nos primeiros dez anos da sua vida. Ela era uma bomba-relógio ambulante." Mas eles a aceitaram em casa, onde já tinham três filhos e a amaram. Ela está crescendo, amadurecendo e se curando. O pastor Logan conta: "Ela ainda é muito impulsiva e fica brava fácil, apesar de ter começado a apreciar a estrutura moral e espiritual que a livram de muitas das decisões ruins que ela poderia ter tomado. A igreja tem funcionado como uma trava de comportamento negativo e forneceu modelos de comportamento exemplar que a afastam das escolhas ruins."

O pastor Logan e a sua família lhe mostraram Cristo ao aceitá-la onde ela estava e amá-la dessa forma. O amor deles conquistou um lugar no coração de Susan, e ela aprendeu a ser aberta a Deus e mudou a sua vida. Outra coisa legal sobre o pastor Logan e a sua família — eles recentemente adotaram três irmãos da África. Estão crescendo o corpo de Cristo com o crescimento da sua família!

As nossas filhas se sentem da mesma forma que Susan. Elas dão o que têm de acordo com o momento em suas vidas e isso precisa ser suficiente para nós se quisermos construir relacionamentos com elas. Se vêm jantar, mas vão embora antes da sobremesa, mostramos como ficamos felizes por elas terem vindo. O seu amor e aceitação genuínos vão funcionar muito para curar o relacionamento.

Os tijolos para construir limites saudáveis

Todo relacionamento saudável possui limites saudáveis. O fato de serem os nossos filhos não nos dá o direito de nos meter nas suas vidas. Nem dá a eles o direito de se aproveitar de pais que os amam e têm medo de perder esse relacionamento.

Limites para os pais

Quando os filhos eram crianças, tudo relacionado a eles preocupava. Sem nós, eles não poderiam ter sobrevivido. Mas, quando cresceram, os liberamos em fases. Eles aprenderam a fazer amizades, a se comunicar com os professores, a gerenciar o tempo e assim por diante. Esse desenvolvimento não aconteceu sem brigas e erros. Os pais sábios sabem que os erros são parte do processo de crescimento. Os bebês aprenderam a caminhar caindo antes de encontrarem o equilíbrio e os jovens e adolescentes cometeram vários erros antes de encontrarem o equilíbrio na tomada consistente de boas decisões. E como deixamos os bebês caírem e se levantarem, fizemos o mesmo acontecer com os filhos crescidos para que eles aprendam a fazer boas escolhas na vida e nos relacionamentos.

As seguintes fronteiras mantêm os relacionamentos com os filhos saudáveis e positivos:

Não force quando não for problema seu. Muitas vezes Katie pediu o meu conselho em alguma situação, mas eu não fico sabendo o resultado. Tudo bem. Eu fiz a minha parte e dei o melhor conselho que tinha.

Depende dela como ou se vai usá-lo. Como ela lida com a situação não é problema meu. Resisto à vontade de fazer perguntas que poderiam causar brigas. Se ela quer que eu saiba, vai me contar. Nas áreas da sua vida que afetam a nossa família, temos fronteiras firmes e adoráveis.

Não deixe que a curiosidade ou a vontade de se intrometer seja uma fonte de atrito. Se você realmente precisa de informação sobre um assunto sensível, primeiro tente conseguir de uma fonte confidencial, como a mãe de algum dos amigos do seu filho. Então, você pode falar, com cuidado, sobre o assunto com ela, de uma forma não acusadora. No entanto, com os seus filhos adultos, se não puder aguentar a verdade, melhor não fazer perguntas. É melhor não saber de algumas coisas. Se você não quer lidar com o que ele pode falar, nem comece a perguntar.

As consequências dos atos deles devem ser somente deles. A nossa filha mais nova, Kerry, recebeu uma multa por dirigir acima da velocidade permitida. Fizemos com que pagasse com a sua poupança, o dinheiro que tinha ganhado trabalhando como babá. Eu mesma a levei até o tribunal para pagar a multa. O garoto na nossa frente também tinha uma multa para pagar. Ele tinha quase 1,90m e parecia um jogador de futebol americano. Inclinou-se sobre o balcão como se fosse o dono do lugar enquanto o seu pai contava o dinheiro. Depois que foram embora, o funcionário falou quanto Kerry devia pagar. O rosto dela estava vermelho enquanto contava o dinheiro e entregava ao funcionário.

Quem aprendeu uma lição no tribunal naqueles dez minutos? Os dois. O garoto aprendeu que o seu pai vai consertar todas as besteiras que ele fizer. Kerry aprendeu que as suas ações têm consequências e que ela é a responsável.

Controle as suas expectativas. Essa é uma boa regra para a vida em geral, mas especialmente com filhos. Katie tem problemas se recebe ordens. Até mesmo se perguntarmos se ela vem para casa ou se fará algo com a família pode deixá-la brava. Aprendemos a controlar as nossas expectativas com ela. Se vier, ótimo. Se não vier, tudo bem. Torne a sua vida mais fácil e não torne você mesmo ou outra pessoa dependente do seu filho. Sim, eu sei, eles devem ser responsáveis e pensar em como as suas ações afetam os outros, mas se não chegaram a isso ainda, aceite e siga em frente.

Limites para os filhos

O filho também deve ter limites saudáveis em relação à vida dos pais e estes devem defendê-los. Eu falei com a mãe de um jovem que vivia com os pais, mas às vezes se mudava. Era uma fonte de irritação para todos quando estava lá. Sugeri que o mandassem embora. Ela falou: "Bom, as coisas dele estão por toda a casa. Não quer levá-las com ele."

Eu aconselhei: "Junte as coisas dele, coloque-as em sacolas e ponha na rua ou doe."

Ela abaixou e balançou a cabeça. Não poderia fazer isso. O seu medo evitava que fosse uma mãe eficiente na vida do seu filho. Ela deve forçar limites saudáveis que facilitem a comunicação: "Esse é o nosso lar e se você quiser ficar aqui, deve seguir as regras da casa." Se ela se recusa, estará criando um sofrimento desnecessário para si e para a família. Ela também permite que o filho continue com problemas. Os limites saudáveis ajudam os filhos a amadurecer.

DINHEIRO, DINHEIRO, DINHEIRO. Assim como no casamento, a questão do dinheiro na relação pais/filho pode ser complicada. Nem pense em fazer as contas de quanto o seu filho deve. Agora é a hora de criar princípios para o dinheiro que vão governar os seus futuros acordos financeiros com o seu filho.

Quando Katie se mudou, dissemos que não podíamos (e mesmo se pudéssemos, não iríamos) dar dinheiro para os seus gastos pessoais. Se ela ia viver sozinha, teria que se bancar. A única despesa que pagamos para Katie foi a sua conta de celular — ela está no nosso plano familiar e queremos que tenha o celular por segurança —, mas não viramos as costas para ela. Quando Katie se mudou da cidade para terminar os estudos, às vezes ajudávamos com as despesas — gasolina para vir nos visitar, supermercado, materiais de arte e coisas assim. Isso a ajudava a avançar e era um encorajamento para ela. As poucas vezes que demos dinheiro pensamos como um presente. É a forma como agimos.

É crucial que você crie princípios de dinheiro para construir um relacionamento saudável com o seu filho. O nosso não é um modelo para todo mundo; é só o que funciona para nós. Crie um plano financeiro que vai ajudar o seu filho, e não atrapalhar. Se esse plano é uma grande mudança em relação à situação atual, tenha uma calma conversa sobre como as questões financeiras vão funcionar no futuro. Ele pode não gostar. Katie pensava que dávamos mais às suas irmãs do que a ela, mas nós criamos o nosso plano da melhor forma para cada filha.

***

Jan e George tiveram uma situação difícil e foram obrigados a decidir se iam manter suas palavras. Um dia David desapareceu. Alguns dias depois receberam um e-mail dele dizendo que o seu carro estava em um aeroporto a mais de 300km de casa. Ele ia embora e era melhor que não tentassem encontrá-lo. Foi um momento difícil e, para aumentar as preocupações, Jan e George deviam partir em uma viagem missionária do outro lado do mundo. Enquanto estavam lá, David mandou um e-mail tranquilizador, mas não deu nenhuma indicação de onde estava.

No Dia de Ação de Graças, David contatou Jan e George dizendo que estava em Amsterdã. Tinha ficado sem dinheiro e não tinha visto de trabalho. Pediu que eles enviassem dinheiro para que pudesse voltar para casa. Com amor, mas resolução firme, Jan falou: "É um risco na areia — se você desistir, vai perder a batalha." Eles disseram que não — não enviariam dinheiro para o filho.

David contatou uma escola cristã lá e ficou com eles até dezembro. No entanto, o visto iria expirar. Ele voltou a entrar em contato com Jan e George de novo e disse que deveria sair do país até determinado dia. Mais uma vez, eles disseram que David teria que encontrar outra forma de voltar para casa. Alguém — eles não sabem quem — comprou uma passagem para ele.

Foi muito doloroso para eles deixar o filho sem dinheiro em um país estrangeiro. Mas como Jan aprendeu nos Alcoólicos Anônimos: "Você precisa ter limites bem-estabelecidos... Deve defini-los, mostrá-los ao seu filho e defendê-los." Isso é exatamente o que eles fizeram. Quando ele pediu dinheiro, tiveram que decidir se manteriam o limite — e o fizeram. Depois que David voltou para casa, continuou a brigar, mas também começou uma gradual progressão na direção de encontrar e aceitar ajuda, cura e relacionamentos saudáveis. Tudo porque Jan e George defenderam os seus limites financeiros.

Viva a sua vida bem. Por mais que eu acredite que devemos estar disponíveis para os nossos filhos, há momentos em que a nossa presença não vai ajudar. Na história anterior, David não teria se beneficiado se Jan e George não tivessem feito a viagem missionária. A decisão de partir foi boa para todos.

Lisa e James aprenderam a mesma lição durante os anos de luta de Greg. James encoraja outros pais: "É uma maratona — não uma corrida de velocidade. Você não pode colocar toda a sua energia emocional no seu filho. Precisa encontrar a sua própria vida e a vida com o seu cônjuge. Vá ao cinema e não conversem sobre o seu filho."

Às vezes, a nossa presença vai ajudar os nossos filhos e às vezes eles vão fazer o que quiserem. Viva a sua vida. Não deixe que ela seja definida pelas decisões deles. Se você tem outros filhos, não é justo para eles que a sua vida seja definida por um filho a ponto de não conseguir desfrutar a vida com os outros.

HORÁRIO DE DORMIR. Esse sempre foi um grande problema na nossa casa. Katie sente que por não ter que obedecer ninguém no seu apartamento, ela deve ter a mesma liberdade quando está em casa. Como não consigo dormir se não souber quando uma das minhas filhas voltará para casa, e como a casa pertence ao meu marido e a mim, temos a palavra final. Exigimos que Katie mande uma mensagem com os seus planos. Ela não vê isso como uma grande intromissão e sei o suficiente para dormir. Resumindo (e eu não uso muito isso): a nossa casa, as nossas regras.

A MÃE LEGAL

Sempre que as minhas filhas me acharam legal, foi por um acidente da minha parte! A avaliação delas é tão instável quanto os seus hormônios adolescentes. Ser a mãe legal é não cair nos dramas e armadilhas do filho. Ele sabe que a mãe legal o ama e também sabe onde estão os limites razoáveis dos seus pais. O filho pode não concordar, mas respeita os limites porque sabe que os pais agem por amor e respeito. A mãe legal e o filho chegaram ao ponto de concordar em discordar. Isso fornece o espaço perfeito para o próximo tópico — dar espaço para que o seu filho cresça.

CAPÍTULO 8

A CURVA DE APRENDIZADO

Como dar ao seu filho espaço para crescer

A nossa casa ficou sem reformas por alguns anos, quando as garotas eram pequenas. O meu pai e Gene a construíram e nós terminamos aos poucos. Apesar de ser frustrante para mim, era perfeito para criar garotas talentosas e artistas. Na maior parte dos anos pré-escolares de Kelsey, as salas de estar e de jantar ficaram sem móveis e ela tinha o chão todo coberto de papel — dos cadernos que ela usava para brincar de escola e da construção, com o qual fazia todo tipo de brincadeiras. Praticamente desde o primeiro dia que Kelsey começou a falar, ela brincou de ser professora. E hoje ela é professora de ensino fundamental com honras acadêmicas, e gosto de pensar que a minha paciência em permitir a sua bagunça com os papéis contribuiu para isso.

Kelsey não é a única que cresceu em um espaço de trabalho bagunçado. No ano passado, Gene, Kelsey, Kerry e eu fomos ver Katie na quitinete que morava perto da faculdade. Ela sabia que íamos e estava animada pela nossa visita. Quando atendeu a porta, nós entramos e ficamos parados de pé. Depois olhamos ao redor. Não havia lugar para sentar. Toda mobília, incluindo as cadeiras da cozinha, estavam tomadas pelo trabalho artístico de Katie. Andamos como se estivéssemos passeando por um estúdio onde vivia e trabalhava uma verdadeira artista. E era exatamente isso: Katie vivia a sua arte. Ela não podia estar mais feliz ou orgulhosa enquanto andávamos pelo meio da bagunça e comentávamos sobre as suas realizações no semestre. Aquele dia eu percebi que a ordem que tentei obrigá-la a seguir (pelo menos no seu quarto) era como um sifão roubando oxigênio do seu mundo criativo. A sua "bagunça" era onde ela criava e crescia como a pessoa que Deus a fez.

Assim como Kelsey e Katie precisavam de espaço para crescer segundo os planos de Deus, os filhos precisam de espaço para crescer, errar e (esperamos), um dia, ouvir a voz do Senhor chamando os seus nomes. Seria bom se eles ficassem nos confins puros de uma placa de Petri enquanto cresciam, mas isso não acontece.

Achamos que se eles soubessem a verdade, o quadro geral — as consequências, os pontos positivos *e* negativos —, eles fariam as escolhas certas. Contudo, a realidade não é assim. Nathan diz claramente sobre os pais: "Não há nada que os meus pais poderiam ter feito para mudar o meu destino. Eu era egoísta e rebelde da pior maneira. Não poderia ter sido de outra forma."

David acredita na mesma coisa. "Eu posso dizer que, na maioria das vezes, os meus pais fizeram tudo que podiam para me ajudar a mudar o curso da minha vida", ele reflete. "Às vezes, infelizmente, você fica preso na rotina e precisa ver os frutos daquilo."

Quando Grace pediu que os pais fossem embora (no capítulo 4), eles estavam com viagem marcada para voltar à sua missão na Europa. Isso iniciou um período de silêncio entre eles, que até pensaram em voltar, mas os seus mentores, mais velhos e sábios, foram contra. Olhando para trás, Grace concorda com a decisão deles. "Provavelmente não teria ajudado", ela conta. "Seguimos o ritmo de Deus. Ele continuou atuando sobre mim. É um processo lento e gradual."

Queremos moldar os nossos filhos, mas eles têm um caminho próprio. Deus vai usar os caminhos deles para o bem dos seus filhos e a glória de Cristo. Durante esse período, devemos soltá-los e lhes dar o espaço que precisam.

Os planos de Deus nem sempre se parecem com os nossos

Keith tem 13 anos de experiência na liderança de jovens e sempre diz aos pais: "Deus está trabalhando nos planos dele. O que parece um erro é o plano de Deus." Segundo ele, os pais tentam controlar Deus em vez de deixá-lo trabalhar.

Keith começou a faculdade estudando história, apesar de os seus pais quererem que estudasse educação. O seu plano era depois estudar direito e trabalhar para o FBI. Os seus pais não concordavam com essa decisão, mas falaram: "Tudo bem. É a sua vida — sua decisão." Durante os primeiros anos, Keith decidiu que queria mudar de curso, o que acrescentou mais dois anos à sua formação. Os últimos três anos e meio na universidade foram gastos no ministério. Se tivesse seguido o conselho dos pais inicialmente, Keith teria se formado em quatro anos e pulado os anos estudando para o ministério. Também foi durante esse tempo que ele ouviu o chamado para se dedicar tempo integral ao ministério, que o levou a uma missão na Europa, onde conheceu a sua esposa, com quem trabalha como ministro há nove anos.

É uma linda história. Muitos zigue-zagues. Pela perspectiva de Keith, foi uma viagem excitante com Deus. Porém, coloque-se no lugar dos pais dele, cheios de incerteza. Deve ter sido difícil para eles resistir à tentação de dizer "eu avisei", mas foram sábios e deram espaço para que ele crescesse.

Espaço para o filho crescer

Os pais que interpretam o papel do diretor de cena, corrigindo cada pequeno detalhe na produção da viagem do filho, viverão em um estado de desapontamento e preocupação. O filho não vai crescer e se tornar um adulto sábio e confiante. Como não teve a oportunidade de aprender com os seus erros, ele fica dependente dos pais ou se agarra a outra pessoa para ter segurança.

Contudo, os pais que ocupam um lugar no meio da plateia dão ao filho espaço para que trabalhe. Ainda estão perto o suficiente para mostrar uma direção quando o filho está a ponto de cair do palco ou quando ele pede uma sugestão. Esse filho aprende a andar pelo palco da sua vida, cometendo erros e crescendo com eles. Também aprende que não é preciso sentir vergonha ao fazer isso.

Neste tempo de crescimento lento e gradual, há muitas coisas que podemos fazer para ajudar os nossos filhos, além de nos ajudar.

Afaste-se sem se desconectar

James, como muitos homens que ele vê no seu trabalho de conselheiro, lida de uma forma diferente que a sua esposa, Lisa. "Vejo que muitos homens se desconectam mais facilmente. É muito doloroso ter as decisões equivocadas do seu filho jogadas na sua cara a cada ano", ele fala. "Precisamos nos afastar sem cortar a relação."

A forma como Gene e eu fizemos com Katie foi não culpá-la pelas consequências das suas más decisões. Durante toda a nossa jornada, ela confiou cada vez mais na gente e ligava pedindo conselhos com frequência. Pelo tom da sua voz e da frase inicial — "Certo, eu decidi..." ou "Bem, aconteceu isso..." —, eu sabia se ela estava enfrentando situações desagradáveis causada por uma das suas más decisões. Nós ouvíamos calmamente enquanto ela contava os detalhes da situação. Como um jornalista coleta os fatos para uma matéria, fazíamos perguntas para esclarecer as coisas. De maneira subconsciente, eu repetia o novo mantra que adotamos no meio das decisões com as quais não concordávamos — *é assim que são as coisas* — para nos lembrar que tínhamos que lidar com a situação que estava acontecendo agora. Não era hora de querer culpar ou refazer os desvios do passado. Os fatos precisavam ser resolvidos de uma maneira bíblica. Nunca tentamos resgatá-la ou ajudá-la a encontrar uma brecha. Aconselhamos a como proceder como se estivéssemos resolvendo algo nosso. Eram conselhos baseados em fatos, sem emoção, "é isso que você precisa fazer agora". Falávamos como estávamos tristes por ela estar passando por essa situação, mas não a culpávamos ou a fazíamos se sentir a vítima. Dávamos conselhos sólidos para levá-la a um direcionamento positivo na sua vida.

Deixamos que Katie escolhesse se queria seguir o nosso conselho. Não oferecemos um plano B só porque ela não gostava do plano A. Raramente perguntávamos como tinha se resolvido a situação. Isso faz parte de se afastar sem cortar a relação. Não assumíamos o peso das consequências na vida dela; não a pressionávamos para responder de certa forma.

Ao guardar os comentários para nós, permitíamos que Deus e a vida ensinassem as nossas filhas — geralmente de forma mais clara e rápida do que nós poderíamos. As palavras de Katie do capítulo 7 continuam a ecoar na minha cabeça: "Notei que normalmente quando a minha mãe para de reclamar, eu também paro. Lembro quando percebi que ela não reclamou mais porque as minhas coisas estavam por todos os lados, então decidi arrumá-las. Quando não era um problema, eu não precisava criar um. Criar problemas por coisas que não importam pode confundir os dois lados envolvidos." Quando os pais percebem que somos mais eficientes sentados no meio da plateia, os filhos conseguem ouvir o verdadeiro diretor das suas vidas, Deus.

Amor difícil

Quando os filhos tomam decisões que os pais discordam, uma das coisas mais benéficas que podemos fazer por eles e por nós é permitir que sofram as consequências dessas decisões. Aqui os pais devem ter uma atitude tranquila em vez de dura. Esse conselho se aplica a qualquer tipo de decisão — preferência, besteira, imoral e ilegal. Como os pais de Keith deixaram que ele primeiro escolhesse uma carreira de que não gostavam muito, para depois mudar para a que eles tinham recomendado, deram ao filho espaço para descobrir o que era o melhor para a vida dele. Continuaram a construir a relação deles, pois não foram negativos.

Quando as decisões do seu filho entram no campo da besteira, imoralidade ou ilegalidade, é ainda mais importante exibir o amor severo, sem esquecer a parte do amor. O pai do filho pródigo é um excelente exemplo a seguir (Lucas 15:11-24). Ele deixou o filho partir para o país distante e viver como tinha escolhido. O filho gastou a sua parte da herança do pai e terminou sem nada, desejando comer a comida dos porcos. (Pare um minuto e imagine isso — o seu filho gastou todo o dinheiro que tinha e a última coisa que ouviu falar dele foi que estava trabalhando para um fazendeiro e comendo a ração dos animais, pois não tinha mais nada.) O pai não mandou um servo com um pouco de dinheiro para lhe comprar um lanche. O pai ficou na sua propriedade com o coração preparado para recebê-lo quando ele estivesse pronto. Os braços do pai estavam abertos para abraçar o seu filho quando este voltasse. Ele não poderia ter recebido o filho com os braços cruzados e um olhar desaprovador no rosto.

A parte complicada para muitos de nós é que os nossos filhos estão vivendo as suas decisões nos nossos lares ou nas nossas cidades, então somos afetados pelas consequências das suas ações.

Depois que o filho de Deb, Brennan, gastou uma boa parte da sua herança com álcool, drogas, questões judiciais e aconselhamento, ela disse que ele não poderia continuar morando na sua casa a menos que procurasse ajuda. Ela explica: "Estávamos revivendo o mesmo dia muitas vezes. Precisávamos fazer algo diferente." Quando ela percebeu isso, conseguiu tomar essa decisão difícil e deu um ultimato a Brennan — conseguir ajuda ou sair de casa. Não foi só por ela, mas por ele também.

Ele se recusou a buscar ajuda, então foi embora. "Ele chegou ao fundo do poço — não tinha trabalho, dinheiro ou amigos", conta Deb. Ele concordou em se matricular no Teen Challenge.[24] Sem o ultimato, não teria recebido a ajuda que precisava.

Cynthia e Frank também mostraram o amor severo à sua filha, Andrea. Depois do choque e da ferida inicial que sentiram quando ela anunciou que era homossexual, eles trabalharam para reconstruir a relação com ela e aceitaram a nova normalidade. No entanto, uma condição era que Andrea não poderia levar as suas namoradas quando fosse visitá-los. Eles não queriam passar a mensagem de que encorajavam o seu estilo de vida. Andrea não ficou feliz com isso, mas aceitou. Eles foram capazes de continuar mostrando amor por ela.

Jan e George também estabeleceram um limite a David. Como Brennan, ele também tinha gastado a sua parte da herança com drogas, álcool, aconselhamento e questões judiciais. A família sentia que não tinha mais o que fazer, então juntaram outros membros, amigos e o pastor de jovens para uma intervenção. Cada pessoa leu a sua carta para David. Então George deu um ultimato — ir ao Teen Challenge ou sair de casa, sem celular ou ajuda financeira. David se recusou a ir, então se mudou — para viver sozinho, sem nenhuma ajuda dos pais. Depois que se mudou, eles trocaram as fechaduras de casa. No dia seguinte, ele voltou, mas Jan e George não deixaram que ficasse. Em vez disso, ligaram para o pastor de jovens. Ele levou David para almoçar e de volta ao apartamento do amigo em que ele estava morando.

Os pais de David fizeram tudo que puderam, mas ele se recusou a fazer mudanças positivas. Dar um ultimato foi a melhor coisa para ele. Depois de alguns meses, David decidiu entrar no Teen Challenge. O amor duro da sua família o trouxe de volta ao lugar onde ele podia ouvir Deus e decidir procurar ajuda.

O "amor" do amor severo

Em toda a dureza do amor severo, é difícil encontrar formas de ainda demonstrar amor. Às vezes, devemos deixar o filho ficar no país distante, mas, como falei, alguns simplesmente não querem sair de casa.

---

[24] Teen Challenge é uma organização que fornece aos jovens, adultos e famílias uma solução cristã eficiente e total para os problemas relacionados às drogas e ao álcool. Para mais informações, entre em http://teenchallengeusa.com/program.

Isaac era um desses filhos. Ele testou a paciência dos pais muitas vezes. Usava e vendia drogas. Os pais finalmente o expulsaram de casa porque não queriam que ele influenciasse negativamente os irmãos. Isaac não tinha dinheiro e nem para onde ir, então morava no carro. À noite, ele parava o carro no estacionamento de uma igreja perto de casa, onde os pais logo o encontraram. Duas ou três noites por semana, eles lhe levaram o que comer. Esses sábios pais entendiam a importância de amar o filho, mas não permitiam que o pecado dele voltasse para a casa. Eram pais severos que mostraram amor ao filho — e aos outros filhos também, ao protegê-los.

Outro amor severo de mãe foi exatamente o que Andrew precisava para se aproximar de Cristo. A mãe dele pediu que ele saísse de casa porque ela não aguentava mais. O pastor de Andrew continua a história dizendo:

> Andrew era um adolescente quando começou a participar da nossa igreja. Era fruto de um lar problemático. Sem a figura paterna na sua vida (nunca conheceu o pai), a mãe o expulsou de casa para que fosse morar nas instalações do governo para jovens problemáticos. Andrew estava sozinho e bravo em um mundo perturbado. Deus dirigiu Andrew até a nossa igreja onde imediatamente começou a fazer perguntas sobre o Senhor. Nós respondemos de uma forma amorosa e respeitosa.
>
> Ele confiou em Cristo e se tornou um novo crente um ano depois. Enfrentou muitas tentações nos seus primeiros anos como cristão. No entanto, o corpo de Cristo forneceu a estrutura de mentores, a orientação, as oportunidades de emprego, os estudos da Bíblia e as amizades que permitiram que a Palavra de Deus se desenvolvesse num solo correto.

Depois de cinco anos de imersão na vida e nos relacionamentos da igreja, Andrew é um lindo exemplo do que significa Cristo renovar todas as coisas. Os valores, as decisões e as afeições dele agora estão firmemente direcionadas para cumprir o seu chamado em Cristo. A igreja de Jesus Cristo foi o campo fértil que lhe permitiu ter mães, pais, irmãos e irmãs espirituais em Cristo. Sem a igreja, ele estava condenado à delinquência juvenil, mas sob o cuidado do ministério da igreja, Andrew experimentou a Palavra como uma lâmpada aos seus pés e uma luz no seu caminho.

Espaço para o pai crescer

É mais fácil dar espaço para que os filhos cresçam se seguimos a vida que Deus tem para nós e nos cuidarmos. Não deixe que a situação do seu filho defina a sua vida. O pai do filho pródigo ainda dirigia a sua fazenda enquanto o filho estava no país distante. Na verdade, ele deve ter trabalhado ainda mais duro para compensar a herança que havia lhe dado.

Como conter a crise

Lisa e James, cujo filho, Greg, ainda não terminou a sua jornada, alimentam os sem-teto todo domingo pela manhã com um grupo da sua igreja. James aconselha outros pais: "Encontre coisas no presente para se dedicar. Isso ajuda na crise."

Amo imaginar uma lata de café velha cheia de terra onde cresce uma planta. A planta e a terra representam o seu filho e a vida dele. A lata está em um buraco no jardim, que representa a sua vida. As raízes da planta podem se espalhar até certo ponto porque não podem ultrapassar a lata de metal e são únicas. Quando conseguimos conter uma situação difícil, podemos viver a vida que Deus tem para nós. Como resultado, nos tornamos melhores pais porque não somos consumidos pelos nossos filhos.

Quando eles chegam à idade adulta, precisam sentir a responsabilidade das suas próprias vidas. Quando veem que não estão mais consumindo as nossas vidas e que a rede de segurança formada pelos pais desapareceu, eles precisam decidir como fazer escolhas melhores ou aguentar as consequências.

Tanto no seu ministério quanto na sua própria família, Keith viu os benefícios de pais que se recusam a ser a rede de segurança dos filhos. Em relação ao consumo de substâncias ilícitas, quando os pais tentam ajudar e intervir de todas as formas possíveis, ele aconselha: "Não faça nada. Deixe que eles batam a cabeça. Ser uma rede de proteção não é útil."

Procure ajuda para si

Jan e George procuraram Alcoólicos Anônimos logo no começo da luta de David contra as drogas e o álcool porque não tinham ideia de como lidar com a situação. Na época não conheciam ninguém que tivesse passado pela mesma experiência. No começo, Jan não queria ir, por orgulho, mas lá ela aprendeu verdades sobre a sua situação e a do filho. Essas informações a ajudaram a lidar com a realidade do dia a dia. Deus usou essa organização para ajudá-la a seguir em frente. Ela aprendeu a confiar o seu filho ao Senhor e ser a mãe que ele precisava. Ela encoraja os pais a se educarem em relação a todas as questões importantes nas vidas dos seus filhos. É parte do processo de crescimento como pais e evita que caiamos em uma espiral de desesperança.

Coopere com o trabalho de Deus em você

Deus permite as circunstâncias dolorosas nas nossas vidas para nos transformar na imagem do filho dele. A situação com o seu filho não é diferente. Enquanto der espaço para o seu filho crescer, dê o mesmo presente para você mesmo. Procure Deus e pergunte o que ele quer ensiná-lo nessa situação e como ele quer que você mude. Jan conta empolgada como ela mudou para melhor. "Eu recebi tantos presentes — compaixão, autoestima, etc", ela conta. "Gosto de mim... relaxei e deixei de ser tão rígida — de exigir que tudo fosse da minha maneira. Agora tenho amizades mais profundas."

Quando tento decidir qual seria uma boa sentença falando sobre o trabalho de Deus em mim para terminar essa seção, não consigo pensar em nenhuma. Deus está sempre trabalhando em mim — mostrando alternativas para o que eu achava que só havia uma forma de lidar e que aquilo não era tão sagrado. Ele está sempre me ajudando a aceitar as preferências das minhas filhas apesar de não serem iguais às minhas. Ele me ajuda a manter a perspectiva em questões menores, e do mesmo modo, quando preciso falar algo sobre uma questão importante, as minhas filhas estão prontas para ouvir. E elas fazem o mesmo comigo; aceitam as minhas preferências e celebram as minhas vitórias. Elas não sentem vergonha quando falo sobre comidas saudáveis e boa forma com as suas amigas. Elas não se envergonham se eu servir um bom jantar que fará bem às suas amigas. Eu faço o melhor para cooperar com Deus enquanto ele me transforma na mãe que elas precisam. Ele me abençoa com as filhas que gostam de se relacionar comigo (alguns dias mais do que outros!).

Uma palavra sobre o seu casamento

Quando converso com pais sobre as decisões dos seus filhos com as quais eles não concordam, fico surpresa como é frequente que contem como esses problemas afetaram o casamento. Não sei por que isso me surpreende. Claro, qualquer problema que crie emoções tão fortes e às vezes consequências para o resto da vida tem a tendência de criar desacordos. Cada um traz a sua própria história para a relação, pois tem uma personalidade diferente que, misturada com a personalidade do filho, vai produzir química diferente com o outro pai. Se algo pode conseguir "separar" a "uma só carne" que Deus "uniu" (Mateus 19:6), são os desacordos sobre como criar os filhos, especialmente quando este toma decisões que os pais não apoiam.

Jan e George se aproximaram como casal quando passaram tempos difíceis com David. Ela se lembra: "George e eu nos apoiamos. O nosso casamento enfrentou tudo com a graça e a força de Deus." Jan faz uma lista das coisas que ajudaram no seu casamento:

- Afirmar um ao outro: ajudar a construir o outro. Isso ajuda quando você se sente desencorajada pelo comportamento do seu filho. Conte ao seu marido as coisas pelas quais você é grata no casamento e nas outras partes da sua vida.
- Converse sobre coisas além dos seus problemas: como foi o seu dia, como você tem crescido espiritualmente, como estão indo os exercícios e assim por diante.
- Ria. Saia com amigos que a alegrarão. Faça coisas divertidas. Vocês dois podem precisar de tempo para pensar — sem fazer nada sobre a situação — para responder na hora certa. Não fazer nada às vezes pode funcionar magicamente para o aprendizado do seu filho.
- Converse sobre as circunstâncias, os limites e os sentimentos associados com a situação dele.
- Tenha um amigo sábio que seja paciente para ouvi-lo. Isso pode ajudar a não colocar todo o peso nas costas do seu cônjuge.

- Frequentem juntos a igreja e ajudem os outros. (Nós servimos juntos o café da manhã aos sem-teto).
- Procure ajuda profissional (temos um excelente conselheiro que entende os problemas das nossas filhas).

Se ao menos todos os casais fizessem um esforço para se aproximar durante uma situação de crise... Como contou Cynthia, o seu casamento foi uma luta desde o princípio. Quando Andrea revelou ser homossexual, Frank ficou tão magoado e triste quanto ela, mas a reação dele foi muito diferente. Ele disse à Andrea que, se não mudasse, ela não poderia voltar para casa. Cynthia conta: "Eu não poderia me ausentar da vida da minha filha. Ainda a amo. Ela ainda é minha filha." Esse conflito se tornou outra briga no casamento dela. "Durante anos, Andrea foi o nosso único tópico de conversa. A sua situação sempre aparecia."

As decisões dos filhos também eram uma fonte de briga no casamento de Deb. O seu primeiro casamento, com o pai de Brennan, terminou por causa do abuso de álcool e drogas dele. Brennan seguiu os passos do pai; então, quando Deb e o seu segundo marido, Allen, já estavam casados ela reconheceu os sinais. O filho de Allen, Rory, começou a beber no ensino médio. Ela imediatamente viu as mesmas mudanças em Rory e falou com Allen, mas ele se recusou a aceitar os avisos dela. "Ele preferia achar que tinha um bom relacionamento com o filho", conta ela. Quando Rory ficou mais velho, foi pego dirigindo bêbado. Ela continua: "Ele seguiu nesse caminho e as bebidas e as drogas se tornaram comuns na sua vida." O seu marido achava que Rory estava passando por uma fase. Esse desacordo causou mais estresse no casamento.

As personalidades distintas de Donna e de Bob causaram atritos no casamento deles quando Allison testava os limites. Donna conta: "Se você não tem o mesmo estilo de criação, é fácil culpar o cônjuge porque você teria feito tudo diferente. O diabo usa a culpa e a responsabilidade — por exemplo, 'se o meu marido tivesse feito aquilo...'"

Pode parecer que esse problema é diferente das outras questões no seu casamento porque o bem-estar do seu filho está em jogo. Mas se você lidar com esse problema da forma como lida com outros, vai chegar a um plano melhor para o seu filho mais rapidamente do que se ficar brigando.

Julie e Marty não concordavam em nada na forma como lidar com a desonestidade de Aaron. Julie explica: "Marty e Aaron são muito parecidos, então Marty era duro com Aaron. Nós estávamos em sintonias diferentes. Quando ele queria disciplinar Aaron, eu entrava no meio deles. Eu estava mais preocupada em proteger o relacionamento deles do que no que Deus estava fazendo." Muito inteligente por parte de Julie entender que não é a sua tarefa proteger a relação de Marty e Aaron. A relação deles não é responsabilidade dela (nem de nenhuma mãe). A responsabilidade pela relação está nas duas pessoas — nesse caso, pai e filho. Ela também percebeu que Deus estava trabalhando em algo maior do que um desacordo entre eles. Ao medir forças com o pai, Aaron aprenderia a se comunicar de homem para homem — não se escondendo mais atrás das saias da mãe.

Dê espaço para o seu marido crescer

O seu marido também está em uma jornada própria. Ele precisa do tempo necessário para chegar a um acordo com a situação e pensar em como seguir. Demorou um pouco mais, porém Allen finalmente aceitou que o filho tinha um problema com drogas e álcool. Então, como casal, Deb e ele tentaram tudo — aconselhamentos, limites, consequências. Nada afetava Rory. Finalmente, o caos na casa era tão intenso que Allen pediu que Rory fosse embora.

Deus estava trabalhando em Allen. Deb precisou ser paciente enquanto Deus trabalhava sobre ele e ela continuava no seu ritmo de crescimento próprio.

Procure se informar como casal

Jan contou como foi útil pesquisar sobre o vício do filho. Cynthia também achou que a pesquisa ajudou no seu casamento. "A gente trata as coisas de forma diferente agora", ela diz. "Temos muito mais informações. Eu me conectei com a ONG Focus on the Family. Com o passar dos anos, Frank e eu tentamos amar Andrea da melhor forma possível."

Parte do nosso crescimento é processar como casal o que aprendemos sobre os problemas dos nossos filhos. Ouvimos ou lemos os mesmos materiais e depois discutimos e decidimos como atuar. Isso nos ajuda a crescer como pais e também a aprofundar o nosso casamento. A coisa mais importante nos nossos casamentos e na forma como criamos os filhos é fazer o melhor que conseguirmos — não exigir perfeição, mas avançar no relacionamento e com Deus.

Esteja aberto a novas perspectivas

Enquanto está aprendendo e processando, você consegue ver que o seu cônjuge tem uma perspectiva diferente da sua. Por causa das nossas experiências de vida e personalidades, Gene e eu tivemos perspectivas diferentes sobre como tratar as decisões de Katie. Com o passar dos anos, aprendemos o valor de nos ouvir e a considerar o ponto de vista dos nossos filhos. Discutimos a situação e fizemos o que achamos ser o melhor. A comunicação foi uma das áreas que mais precisava se desenvolver durante o nosso casamento. Eu me comunico muito, mas Gene não. Depois de 27 anos aprendemos um pouco, mas ainda há muito a melhorar.

Deus dá ambos os pais aos filhos. Isso significa que os dois são necessários na vida deles. As suas ideias são tão valiosas como as do seu cônjuge. Coloque de lado qualquer problema do casamento e ouça honestamente o seu cônjuge, avalie a conversa e então faça o que é melhor para o seu filho.

Encontre boa ajuda profissional

Como em outras áreas da vida, quando o problema é maior do que os recursos que você tem, encontre uma boa ajuda profissional. Contratamos profissionais para todas as outras áreas da vida (médica, financeira, mecânica — e como eu ficaria sem a lavanderia?). Podemos admitir que precisamos de ajuda e orientação com as relações pessoais mais importantes nas nossas vidas? Peça uma recomendação a alguém que você confia. Se o primeiro conselheiro ou pastor não parece funcionar, continue procurando. Só porque um conselheiro é cristão não significa que ele vai dar boas orientações. Seja esperto, confie nos seus instintos e procure até encontrar o certo.

***

As histórias contadas aqui são voltadas ao encorajamento e à consideração. Como Deb afirma de forma muito sábia: "Não existe uma fórmula. Devemos estar dispostos a tentar coisas diferentes." E assim será com cada família. Procure a direção de Deus em relação ao que ele tem para você e para o seu filho. Podemos dar um ao outro o dom da graça que recebemos.

CAPÍTULO 9

TODO MUNDO CONVERSA

Saiba com quem e o que compartilhar

O período das classes dominicais no ensino médio foi difícil para Katie. Ela nos perguntava se poderia ir conosco, e obviamente concordávamos. Toda semana ela ouvia importantes ensinamentos bíblicos e tinha a oportunidade de interagir e observar crentes maduros — na maioria das vezes.

No entanto, eu não estava preparada para as perguntas de algumas pessoas na nossa classe. Eles perguntavam por que Katie estava lá conosco e não na aula do ensino médio. Queria que eles soubessem como estava grata que ela estivesse em *qualquer* aula da escola dominical, ouvindo a Palavra ser ensinada. Queria que entendessem que, nesse momento especial, a escola dominical do ensino médio não era um lugar seguro para Katie por causa da atitude exclusivista de algumas garotas. Queria explicar muitas coisas, mas não falei nada. Essa situação logo me mostrou que se os outros pais não passaram por uma situação como a nossa, com filhos tomando decisões sem que concordássemos, eles não entenderiam a situação. Como resultado, os comentários poderiam não ser úteis. Decidi então que eu precisava escolher sabiamente aqueles com quem dividiria a nossa jornada. Na verdade, decidi a partir daquele ponto que não contaria nada a ninguém até ter provas de que ele ou ela se importavam com a minha filha e não a julgariam.

Quando Jan fala sobre as suas experiências com outras pessoas, ela ri e diz: "Minha igreja era o pior lugar para ir. Eu evitava o banheiro, pois era aonde mais vinham me atacar." Que triste! O que estamos fazendo um ao outro? Essa é a forma como o corpo de Cristo cuida dos seus membros? A igreja deve ser um lugar seguro para receber e dar amor, aceitação e encorajamento para as dificuldades da vida. Jesus nos ensina a importância de mostrar amor um ao outro: "Com isso todos saberão que vocês são meus discípulos, se vocês se amarem uns aos outros" (João 13:35). Não só abençoamos um ao outro quando mostramos amor, mas também mostrarmos Cristo ao mundo. Por que alguém iria querer ser parte de algo que mastiga e cospe aqueles que estão machucados e lutando? A forma como amamos um ao outro em tempos difíceis é "encarnarmos Cristo" para os outros crentes e o mundo.

Infelizmente, muitas vezes recebemos o oposto — julgamento. Jesus fala dessa atitude em Mateus 7:1-2: "Não julguem, para que vocês não sejam julgados. Pois da mesma forma que julgarem, vocês serão julgados; e a medida que usarem, também será usada para medir vocês." Aqui "julgar" é definido como "testar, condenar ou punir".[25] Mas em 1Coríntios 2:15 lemos: "Mas quem é espiritual discerne todas as coisas, e ele mesmo por ninguém é discernido." Nesse contexto, "discernir" é definido como "investigar, determinar, perguntar, questionar".[26] O que é diferente é a atitude. Não nos sentamos como juiz e jurado, prontos para condenar e punir. Esse não é o nosso dever. Ninguém quer ser analisado e condenado, então por que fazer isso com os outros? Todos temos muitos problemas nas nossas vidas e não seria ótimo se os outros não ficassem remexendo neles?

Jesus mandou em João 15:12: "O meu mandamento é este: amem-se uns aos outros como eu os amei." O nosso Deus, o único e verdadeiro Deus, é amor e nos ama muito — "Assim conhecemos o amor que Deus tem por nós e confiamos nesse amor. Deus é amor" (1João 4:16). O apóstolo João escreveu essas palavras em uma carta aos cristãos de toda a Ásia Menor. Ele conta aos seus leitores que eles devem se basear no amor de Deus todo dia na sua vida cristã.

Quando João escreveu essa carta, o cristianismo ainda era uma religião jovem. O mundo naquele tempo não era muito povoado com

---

[25] STRONG, James. *Strong's Exhaustive Concordance of the Bible*. Iowa Falls, IA: AMG Publishers, 1986 — Novo Testamento, p. 57.

[26] Ibidem, Novo Testamento, p. 11.

outros crentes ou igrejas que pregavam a Bíblia. Os primeiros cristãos precisavam saber que Deus os amava e que, por causa do seu amor fiel por eles, podiam confiar que seriam cuidados no dia a dia. Notem que o verbo que não foi usado por João nesse versículo é *poder*. João (sob a inspiração do Espírito Santo) não disse: "E então sabemos e *podemos* confiar no amor que Deus tem por nós." Ele não disse que é opcional para o crente confiar no amor de Deus. Os primeiros crentes *precisavam* do amor de Deus para viver cada dia da sua vida.

Atualmente, os crentes (especialmente os que estão nos países ocidentais desenvolvidos) têm o amor de Deus como o melhor ingrediente nos seus dias. Não entendemos e vivemos pela verdade de que o amor de Deus por nós é a nossa força vital, não só pela eternidade, mas no presente momento. Por esquecermos esse fato, não vivemos na alegria de Deus nem deixamos que o amor que ele derramou "em nossos corações, por meio do Espírito Santo que ele nos concedeu" (Romanos 5:5) flua por nós em direção aos outros.

Nesse estado, com fome de amor, focamos mais na execução das regras de Deus. Não nos baseamos no amor dele por nós e certamente não transmitimos a outras pessoas que sentimos que valem menos — os nossos filhos ou os filhos de outros que estão tomando decisões ruins. Desperdiçamos o nosso mais precioso recurso dessa vida — o amor de Deus! No centro do amor dele, somos aceitos e estimados; temos paz; somos livres do nosso passado.

Por que, então, como seguidores de Jesus Cristo, não vivemos de uma forma que exiba o amor de Deus ao mundo, como...

- um espetacular show de fogos de artifícios?
- uma coberta quente em uma noite fria?
- o aroma de pão de canela saindo fresquinho do forno com café?
- um forte abraço que diz "estou aqui para ajudá-lo"?
- um sorriso de orelha a orelha de alguém que gosta de nós só porque entramos na sala?

Por quê? Porque não confiamos no amor que Deus reserva para nós. Esquecemos que Jesus falou: "O meu mandamento é este: amem-se uns aos outros como eu os amei" (João 15:12). É o plano dele de como o seu corpo deve funcionar. Não existe um plano B para o corpo de Cristo. Se queremos mostrar ao mundo o nosso Senhor e cumprir o seu plano para nós, devemos amar os outros como ele nos ama.

Viver no centro do amor de Deus nos prepara para lidar de forma graciosa e sábia com os comentários das pessoas. Aprendemos a procurar as pessoas que precisamos que nos acompanhem na viagem e a continuar a construção do relacionamento com os nossos filhos.

Como lidar com os comentários, a desaprovação e as opiniões das outras pessoas

O pai do filho pródigo não precisou ir muito longe para ouvir comentários negativos. Quando o filho retornou, o pai deu uma grande festa. O filho mais velho voltou do trabalho no campo e perguntou que festa era aquela. O servo explicou qual era a boa notícia.

> "O filho mais velho encheu-se de ira, e não quis entrar. Então seu pai saiu e insistiu com ele. Mas ele respondeu ao seu pai: 'Olha! todos esses anos tenho trabalhado como um escravo ao teu serviço e nunca desobedeci às tuas ordens. Mas tu nunca me deste nem um cabrito para eu festejar com os meus amigos. Mas quando volta para casa esse seu filho, que esbanjou os teus bens com as prostitutas, matas o novilho gordo para ele!'" (Lucas 15:28-30)

Não se reprima e diga ao seu pai como você se sente.

A Bíblia não descreve especificamente a atitude do irmão mais velho quando o filho pródigo foi embora, então vamos tentar imaginar a dinâmica deles afirmando que era uma família "normal", com a rivalidade "normal" entre irmãos e problemas "normais". Não consigo imaginar o irmão mais velho guardando a sua mágoa por todo o tempo que o irmão ficou no país distante. Não, imagino que o irmão mais velho começou a fazer as contas antes mesmo de o irmão mais novo partir. Quando este começou a fazer a sua vida, o filho mais velho puxou o seu caderninho de notas. Talvez ele murmurasse comentários negativos sobre o irmão para que o pai ouvisse. Dava um soco verbal no pai sempre que o mais novo fazia alguma besteira? As decisões erradas do mais jovem alimentavam a rivalidade natural entre eles. E isso sem levar em conta os comentários que os vizinhos e os amigos podem ter feito.

O pai respondia ao filho mais velho lembrando-o de quanto ele o amava e explicando que o irmão tinha morrido, mas agora tinha "voltado a viver". É tudo que a Bíblia nos conta. Nada de bajulação ou tentativa de convencer o irmão mais velho a perdoar.

No entanto, a maioria das pessoas que oferece comentários não solicitados não está no seu círculo interno e não precisa (ou merece) uma explicação sua a respeito das decisões do seu filho. Acham que precisam saber, mas a maioria não precisa.

Como lidar com comentários de pais dos "parceiros de crime" do seu filho

Alguns dos comentários mais chocantes podem vir de *outros* pais. Quando David bateu o carro da família depois de beber e fumar maconha com os amigos, Jan e George ligaram para os pais dos outros jovens no carro para contar o que tinha acontecido. Muitos pais negavam que os filhos poderiam estar envolvidos com álcool e drogas — disseram que talvez o filho de Jan estivesse bebendo e usando drogas, mas que os seus filhos nunca fariam isso. Que postura perigosa não acreditar (ou não estar disposto a isso) que o seu filho poderia fazer algo tolo, imoral ou ilegal. Todos lutamos contra a nossa natureza humana pecadora e somos capazes de errar.

Julie, a mãe de Aaron, alerta os pais sobre o pensamento de que os filhos nunca os desapontarão: "Eu acreditava que conhecia o meu filho bem o suficiente para reconhecer as mentiras dele, mas não conhecia. Havia sinais de aviso. Deveria ter percebido, mas não aconteceu. Ele foi mentindo cada vez mais e melhor nesse período." Aaron esperou dois dias antes da sua suposta formatura para contar aos seus pais a verdade — que ele tinha faltado às aulas nos dois últimos anos e nem se matriculou no último semestre. Julie se lembra: "Ele esperou até não ter mais saída! Mas confessou e estava sentindo muito remorso e humilhação. Chorou bastante."

Negar que o nosso filho é incapaz de nos enganar ou sair do caminho que lhe mostramos é mais do que ingênuo; é irresponsável. Eu sei que queremos lhes dar o benefício da dúvida, mas como um conselheiro cristão me falou: "Sempre faço a pergunta: 'É possível?'" É possível que o seu filho tenha escondido algo de você?

Mesmo depois que você aceitou a verdade sobre o seu filho, lembre-se que outros podem não estar prontos para fazer o mesmo em relação aos filhos deles. Jan e George fizeram a coisa certa, o mais responsável. Se você pode fazer o mesmo, esteja pronto para o pai que se recusa a ouvir e depois coloca a culpa em você e no seu filho. Seja cortês, mas não assuma a responsabilidade por algo que não é problema seu ou do seu filho.

Como lidar com comentários daqueles que não que precisam saber

Jan, George e a sua família vivem numa cidade pequena. Os problemas de David correram pela cidade quase mais rápido do que o boletim de ocorrência foi preenchido. O telefone deles começou a tocar. As pessoas ligaram para dar conselhos não solicitados ou só para dizer "que vergonha".

Pais, vocês não devem explicações a essas pessoas nem precisam discutir sobre a sua família com elas. Jesus nunca caiu na isca da chamada "comunidade religiosa". Um excelente exemplo está em João 8:3-11: "Os mestres da lei e os fariseus trouxeram-lhe uma mulher surpreendida em adultério" (v. 3). Permita-me fazer uma sugestão: a intenção dos acusadores da mulher. É preciso duas pessoas para se cometer adultério. Qual foi a parte do homem nesse comportamento? Como esses rastejadores religiosos sabem que a mulher ia se encontrar com o homem? Parece que era uma armadilha. Ela foi definitivamente usada para pegar Jesus em uma armadilha (v. 6). Os seus acusadores podem tentar fazer o mesmo com você.

Esse bando religioso montou a armadilha: "Mestre, esta mulher foi surpreendida em ato de adultério. Na Lei, Moisés nos ordena apedrejar tais mulheres. E o senhor, que diz?" (v. 4-5). Jesus respondeu com maestria; ele "inclinou-se e começou a escrever no chão com o dedo" (v. 6). Não só se recusou a morder a isca, mas parecia nem ter ouvido o que eles falavam! Eles ficaram bravos por ele ter ignorado o caso que apresentaram contra essa mulher. O versículo 7 diz que o seguiram para que respondesse. Infelizmente, os seus acusadores também vão persistir na suposta superioridade deles e na necessidade de ajudar você e o seu "pobre" filho.

Finalmente, Jesus se levantou e mudou o foco contra eles. "Se algum de vocês estiver sem pecado, seja o primeiro a atirar pedra nela", ele falou (v. 7). Ele não a defendeu. Não discutiu a Lei nem a sua aplicação (o que ele poderia ter feito com total autoridade). Ele honrou a mulher e deu à comunidade religiosa supostamente superior uma oportunidade de fazer o mesmo. Então fez algo que a maioria de nós, especialmente os pais que não querem que os filhos sejam malcompreendidos, acha quase impossível. Ele parou de falar: "Inclinou-se novamente e continuou escrevendo no chão" (v. 8). Isso terminou a discussão sobre o pecado da mulher. Nenhuma explicação foi dada e ele parou de falar e, na prática, mudou de assunto. Voltou a escrever no chão. Ouvi suposições inteligentes sobre o que ele escreveu, mas ninguém sabe realmente o que era. Só sabemos que ele não ouviu os críticos.

Assim, ele encerrou a cena que os supostos religiosos tentaram criar. "Os que o ouviram foram saindo, um de cada vez, começando com os mais velhos" (v. 9).

Jan seguiu o exemplo de Cristo e aconselha: "Tenha uma resposta pronta... algo como: 'Sou grata, pois Deus está trabalhando na vida dele.' Depois se afaste." Ela aprendeu que "não podemos contar tudo a todo mundo. Nem todos merecem saber." O seu filho ainda é o seu filho e parte da sua responsabilidade é protegê-lo — não das consequências, mas daqueles que se alimentariam da situação dele para satisfazer o próprio apetite imoral por "petiscos deliciosos" da fofoca (Provérbios 18:8, 26:22). Você não deve explicação a ninguém. Como Jan aconselhou, prepare a sua resposta e a use. Preserve energia emocional para o seu filho e as outras partes da sua vida. Não deixe que ela seja sugada por aqueles que não precisam saber.

A LISTA DE PESSOAS QUE PRECISAM SABER

Uma das bênçãos de caminhar com os seus filhos nessa viagem é encontrar pessoas incríveis que nos amam e nos aceitam. Essas pessoas nos mostram Cristo. Elas são o "aroma de Cristo" (2Coríntios 2:15) para nós e para o mundo. Dão apoio, encorajamento, conselho e amor que precisamos para continuar a nossa viagem.

Coloque outros pais nessa lista

Gene e eu fomos convidados à casa de um amigo para uma noite com "os mais velhos" da nossa igreja. A igreja era tão jovem que o meu marido e eu (com sessenta e cinquenta, respectivamente) estávamos entre os mais velhos. Depois de jantar, contamos um pouco da nossa jornada com Deus. A linha comum que ligava a história de todo mundo era um filho que estava tomando decisões que não nos agradavam. Quando cada pai contava a sua história, o ar noturno na varanda do meu amigo foi ficando mais doce com o aroma de amor e aceitação que exalava do resto do grupo. A maioria sabia a dor de um filho que não caminha com o Senhor e como isso é acompanhado por respostas dolorosas de outras pessoas. Entretanto, esse grupo era diferente. Nele, sentíamos amor e aceitação, não só para nós mesmos, mas para nossos filhos.

Deb, que seguia uma jornada com o seu filho Brennan e o seu enteado Rory, encorajava os pais a encontrar outros pais que sejam almas gêmeas e que o ajudariam. Ela acrescentou: "Julgue com sabedoria." Seja cuidadoso com o quanto você compartilha e com que rapidez faz isso. Geralmente você pode dizer se uma mãe está segura pela forma como fala do próprio filho. Comentários degradantes sobre o filho dela não são bons indicadores de que ela será amável com você ou com o seu filho.

Deb sempre desafiou os pais a saberem quando falar e compartilhar a sua experiência com outros pais para ajudá-los. Ela falou: "Encorajamento é muito importante." Não existe uma forma certa para saber com quem dividir e quem vai se voltar contra você depois que oferecer encorajamento. Ore pela direção de Deus e se a outra mãe não receber bem o seu conselho, demonstre simpatia e se afaste.

Coloque profissionais nessa lista

As decisões ruins de Nathan levaram a consequências legais. Um dos amigos de Gary era advogado e estava sempre disponível para aconselhá-lo e ajudá-lo. Este valorizava a ajuda e a amizade. Profissionais confiáveis são um recurso valioso para você e para o seu filho. Pais, orem pela orientação de Deus e não sejam muito orgulhosos ou hesitantes para pedir que alguém ajude os seus filhos. A lista de possíveis profissionais que podem ajudar é extensa: advogados, médicos, conselheiros, policiais, pastores, professores, técnicos, missionários, etc.

A questão não é esses profissionais livrarem o seu filho das consequências, mas que deem a verdadeira ajuda que ele precisa. Keith contou sobre a experiência de uma jovem que comprou "uma porcaria de casa". Os pais não queriam que ela comprasse nada e muito menos aquela. Talvez eles não fossem tão contra a compra da casa se pudessem ter opinado na escolha da filha. (Lembre-se: sem relacionamentos não temos nada.) Com a "porcaria da casa" comprada, ela não poderia viver ali sem realizar antes uma boa reforma. Os rapazes da sua igreja vieram resgatá-la e deixaram a casa habitável de acordo com o orçamento dela.

O seu filho provou estar pronto para um verdadeiro emprego? Quem você conhece que daria uma oportunidade para que ele avançasse e ainda seria simpático a vocês se ele fracassasse?

Coloque a igreja nessa lista

A igreja na qual éramos considerados os mais velhos também é frequentada por muitos jovens que tomaram decisões desagradáveis para os pais. Essa igreja provavelmente não se parece com a que você cresceu. Todo mundo vai de jeans, até o pastor. A música — rock — toca em volume alto. O café é servido e bem-vindo no santuário. Muitos dos frequentadores (incluindo o pastor) têm tatuagens. A Palavra de Deus é pregada. O pastor dá voz aos corações magoados dos jovens. Eles participam mesmo que ainda vacilem entre a igreja e as suas más decisões. E trazem os amigos. Cantam ao Senhor em voz alta e com os braços no ar (realmente no ar, nada de meio dobrados). Eles se casam e têm bebês, muitos, por sinal. Há uma fila de carrinhos no fundo do santuário.

Jan e George deixaram a igreja onde criaram a sua família para vir para essa. Na jornada com o filho deles, encontraram outras famílias magoadas e jovens lutando para se recuperar. Trocaram de igreja para poderem apresentar não só ao filho, mas a outros pais magoados, uma igreja onde poderiam se sentir mais confortáveis.

Lembra-se do filho de Connie e Robert, Jeremy, que usou drogas com os amigos na casa dos pais? Jeremy ainda fuma maconha com os seus amigos quando consegue escapar. Adivinha de qual igreja ele quer participar? Exato — essa igreja. Antes de você subir no seu banquinho de fariseu e falar algo tipo: "Ei, não podemos deixar que esses jovens que só tomam decisões ruins participem da igreja como se nada estivesse acontecendo", pense. Por que não? De volta ao nosso autoexame. Vamos à igreja sempre limpos por dentro? E Jesus não tinha uma palavra sobre isso para os fariseus? "Por que o mestre de vocês come com publicanos e 'pecadores'? Ouvindo isso, Jesus disse: 'Não são os que têm saúde que precisam de médico, mas sim os doentes.'" (Mateus 9:11-12). Esses jovens não trazem drogas para a igreja.

Eles não vêm bêbados. Eles vêm com o coração ávido para ouvir e adorar, e é isso que fazem.

Uma mudança de igreja interessaria ao seu filho? Você continua a frequentar uma igreja que não funciona bem para você e não funcionou para o seu filho nos últimos anos?

Coloque amigos que realmente ajudaram na lista

Fiquei surpresa quando descobri quais dos meus amigos passaram por momentos ruins no relacionamento com os pais por causa das suas decisões. Lembro-me quando contei a uma das minhas melhores amigas sobre um ponto difícil no meu relacionamento com Katie. Ela ouviu com compaixão e depois disse algo que eu não esperava. Com a mesma compaixão, explicou como ela se identificava com Katie e tudo que ela estava passando. Contou um pouco do seu passado para mim — incluindo quando viveu com o namorado e as consequências emocionais daquela decisão —, coisas que eu não sabia. Ela me desafiou a entender qual era a situação de Katie. Senti muito carinho por essa amiga porque ela tinha contado algo muito íntimo para mim — e ainda mais porque ela revelou muita ternura pela minha filha. Ela não demonstrou uma atitude crítica.

A minha amiga do capítulo 1 (cujo comentário "eu apenas sabia" se tornou o meu mantra como mãe) continuou me ajudando na luta para criar as minhas filhas, de forma graciosa e calma, com o passar dos anos, além de ajudar Katie na sua jornada. Essa pode ser uma viagem solitária e depois de um tempo é fácil deixar que a pregação das pessoas (não da Palavra de Deus, mas a deles) supere o que você sabe que é verdade. Com frequência conto à minha amiga como estamos indo no nosso relacionamento com Katie. Conto as minhas dúvidas e inseguranças. Ela volta a afirmar que estamos no caminho certo. Às vezes precisamos de alguém para nos dizer isso.

[Pensamentos da Katie]

Minha tia Lisa realmente ajudou muito quando eu estava desempregada e passando por momentos complicados, principalmente durante a ruptura do meu noivado com Mark. Ela não só me contratou para ajudá-la na sua casa e com os seus filhos, mas me ouvia, mesmo quando eu tomava decisões imaturas. Ela não me julgava. Mesmo agora, ela sempre conversa comigo como adulta, oferece sugestões e conta as suas experiências pessoais.

Sou tão cuidadosa sobre contar as decisões das minhas filhas para outros que quando respondo à pergunta "Sobre o que você está escrevendo agora?", muitas pessoas ficam surpresas. Depois, perguntam: "Você tem experiência com isso?" Confie no amor de Deus e ele dará a graça para aqueles que precisam e a guiará até aqueles que acompanharão a sua jornada e a do seu filho.

CAPÍTULO 10

FINAL FELIZ

Como escrever o resto da história e gostar dela

Agora já percebeu que a sua vida e a do seu filho não será como você imaginou — mesmo se o problema for a incompatibilidade das preferências de vocês. Você aprendeu que a equação A + B = C nem sempre é verdadeira. Há muita esperança para pais e filhos quando os dois continuam nessa jornada de toda uma vida. Mais uma vez, quero lembrá-la que o nosso objetivo não é levar os nossos filhos ao Senhor. Essa não é a nossa tarefa. Queremos construir um bom relacionamento com eles nessa vida. Ao fazer isso, limpamos o caminho para que eles voltem para o Senhor enquanto ele trabalha dentro deles e os recupera.

Vai decidir ser parte da vida do seu filho mesmo se não foi o que você planejou ou esperou? Estamos muito felizes por ser parte da vida de Katie. Ela passou o último fim de semana conosco. O pai a ajudou com um trabalho em concreto e metal para uma tarefa de escultura. Katie e eu conversamos sobre um livro que falava da inspiração artística que mandei para ela. Comemos em família para celebrar a bolsa de estudos de Kerry. Foi um ótimo fim de semana — um que não teria acontecido se eu continuasse com a minha postura "meu-jeito-ou-de-nenhum-jeito" de antes. Nem todo momento do fim de semana foi perfeito, mas assim é a vida. Então, você vai ser parte da vida do seu filho, celebrar o que acontece de bom e aguentar o período de dificuldades?

Use os seus créditos

Quando os nossos filhos tomam decisões ruins, é fácil acreditar que tudo que fizemos por eles foi esquecido. Mas não é assim.

Alguns anos atrás, o programa de artes na faculdade de Katie bancou uma viagem para o Art Institute de Chicago. Fazer um passeio nesse incrível museu de arte era muito importante para ela, que gostou de cada minuto e ficou tomada pela inspiração, pelo talento e pela excelência das coleções. Depois da turnê, Katie e dois amigos foram comer em um restaurante perto. Ela, animada, começou a falar sobre as obras que a inspiraram mais. Os amigos, no entanto, estavam distraídos. Sentados perto deles havia uma família comemorando o aniversário do filho pequeno. Katie notou que era a típica comemoração de aniversário — fotos, bolo, presentes, muito amor e atenção no aniversário do filho. Katie pensou: "Lindo, mas nada demais." Vendo que os amigos não estavam mais prestando atenção, ela tentou reconquistar a atenção deles. Eles tinham lágrimas nos olhos.

"Nunca tive uma festa de aniversário", falou um dos amigos.

"Nem eu", concordou o segundo.

Katie contou: "Nesse momento, a garçonete tirou fotos das famílias. Isso piorou a situação."

"Nunca tiraram fotos minhas", chorou o primeiro amigo.

Nesse ponto, a animação do Art Institute tinha sido substituída pelo vazio e pela dor nos corações dos amigos de Katie. No entanto, ela olhou para a festa e pensou: "Já fiz isso. Estou pronta para o que vem em seguida." Durante toda a sua vida, enchemos o seu coração com amor e lembranças. Uma forma foi comemorar os seus aniversários com os amigos, com a família, com bolo e fotos. O pequeno banco de amor no seu coração estava cheio dos nossos depósitos desse sentimento. Ela confiava neles, até assumia que sempre estariam aí, enquanto vivia as suas decisões — as boas e as não tão boas. Ela sabia que a amávamos acima de tudo. Os corações dos seus amigos não foram preenchidos da mesma forma. Eles não tinham uma boa lembrança na qual podiam se agarrar.

A maioria dos pais gostaria de ter amado mais os filhos, mas sabe que o amor que depositou no coração do seu filho ainda está ali, e ele sabe disso. O que resta é construir a partir disso.

Não tem a ver com você

Lembre-se: quando se trata de criar um filho mais velho, não tem nada a ver com você. A vida do seu filho é dele — as escolhas dele, as consequências dele. Coloque o peso dessa compreensão onde ela pertence — sobre o Senhor e sobre o seu filho. Várias mães que entrevistei falaram sobre isso:

- Donna: "Estamos nos enganando se pensamos que tem a ver conosco. Somos responsáveis [por fazer] o que podemos."
- Deb: "Não posso culpar ninguém. Meu filho tomou as suas decisões. Eu o amo, mas consegui me separar dele. Ele é filho de Deus também."
- Jan: "Precisei aprender que o resultado não está nas minhas mãos."
- Cynthia: "Você tenta resolver [o problema] e percebe que não consegue. Não está nas suas mãos, mas nas de Deus."
- James: "Não posso consertar [a situação]. Não vou apoiá-la. Vou amar o meu filho."

As palavras de James mostram perfeitamente o que estamos fazendo neste livro. Não podemos controlar os nossos filhos ou as suas vidas. Vamos amá-los, mas não ajudá-los a continuar com as suas más decisões. É nosso privilégio encorajá-los nas suas boas decisões.

Seja fã do seu filho

Significa muito para os nossos filhos que estejamos torcendo sempre por eles. David falou isso sobre os pais, Jan e George: "A coisa que mais ajudou foi que eles me acompanharam e [trabalharam] comigo como uma equipe, em vez de ficar na frente e tentar me dirigir." É uma forma de mostrar que nós os amamos acima de tudo.

James acha que manter essa atitude também é um desafio: "Perdemos a visão do que é bom e começamos a procurar o ruim. 'Bom, ele está atrasado.' Mas esquecemos que afinal ele chegou. Faça comentários positivos." Lisa acrescenta: "Deixe que ele veja que o meu coração está com ele."

Falei isso por todo o livro porque é vital para construir um relacionamento com o seu filho e porque é difícil, especialmente no começo. Procure pequenas formas de encorajar e mostrar amor. Então, continue a ouvi-lo e a encorajá-lo. Katie ligou no último fim de semana e contou que tinha sido uma semana difícil. Depois que desliguei, falei com o meu marido sobre a nossa conversa. Ele falou: "Vamos vê-la amanhã à tarde." Ele imediatamente ligou para ela, que ficou muito feliz. Nós a levamos para almoçar e comprar algumas coisas. Às 16h, ela estava renovada e pronta para outra semana de faculdade! Foi algo pequeno que teve um grande impacto nela.

Viva o momento

Qualquer pai que acha que tem a vida dos seus filhos sob controle está delirando. Para aqueles que são lembrados todos os dias pelos filhos que não temos, nem nunca tivemos, controle sobre a vida, viver o momento é o nosso oxigênio. Permitir que o passado comece a viver no quarto ao lado é uma tortura. Olhar para o futuro traz preocupações desnecessárias. Viver o momento é onde Deus quer que fiquemos.

Jesus nos ensina isso claramente em Mateus 6:25-34. Ele nos desafia, pais preocupados: "Quem de vocês, por mais que se preocupe, pode acrescentar uma hora que seja à sua vida?" (v. 27). O mesmo acontece com as vidas dos nossos filhos. Toda a nossa preocupação não vai mudar nada nas nossas vidas ou nas vidas dos nossos filhos.

Jesus termina esse ensinamento com: "Portanto, não se preocupem com o amanhã, pois o amanhã se preocupará consigo mesmo. Basta a cada dia o seu próprio mal" (v. 34). Certamente aprendemos isso, não é mesmo? Viver no presente que Deus nos dá é o lugar mais seguro para estar.

Deb conta uma verdade poderosa que o inimigo não quer que acreditemos: "A maioria dos 'talvez' não mudaria nada." Colocar a culpa em nós mesmos pelas coisas que deveríamos ter feito diferente vai nos deixar empacados. Ela termina a sua entrevista com: "Tudo que podemos fazer é continuar vivendo esse dia." É o que Jesus ensina também.

Jan encoraja famílias a se divertirem. "Recentemente tiramos férias para mudar de ares e nos refrescar. Isso [nos] ajudou a ganhar perspectiva e força. Apesar de não concordarmos com as decisões do nosso filho agora, somos uma família e nos divertimos muito comendo fora, jogando e desfrutando a praia." Ela desafia os pais a aproveitarem o que têm na atualidade: "Viva um dia por vez. Viva no presente. Os seus filhos podem voltar." Como em tudo na vida, nada é garantido e Deus nos dá só o presente para desfrutar, mas Jan não quer que os pais vivam com medo. Para os momentos em que os filhos não tomam boas decisões, Jan fala: "Independentemente de os nossos filhos mudarem ou não, devemos desfrutar as boas coisas da vida."

Continue orando

Sei que já falamos sobre a oração, mas não devemos esquecer que é nela onde somos mais poderosos — entregando os nossos filhos nas mãos do pai amoroso deles.

Olhemos de novo para o nosso amigo, o pai do filho pródigo (Lucas 15:11-31). Note por que o filho se arrependeu e voltou para casa: "Caindo em si, ele disse: 'Quantos empregados de meu pai têm comida de sobra, e eu aqui, morrendo de fome!'" (v. 17). "Caindo em si" — o filho se arrependeu quando finalmente percebeu qual era a melhor opção. A coisa mais influente que podemos fazer é orar a Deus para que os nossos filhos caiam em si. No tempo de Deus, no silêncio dos seus corações, enquanto estão sentados nos seus chiqueiros, ele vai conversar com os nossos filhos e dar a oportunidade para recuperarem o bom-senso. Essa é a melhor forma de orar por eles: "Por favor, Deus, faça com que o meu filho caia em si!" É o que eles mais precisam, não é? Então toda a verdade que ouviram e aprenderam da experiência vai fazer sentido, e eles vão tomar melhores decisões (você pode não concordar com algumas ainda, mas agora você é uma mãe legal).

Donna percebeu isso. "Achamos que podemos inspirar os nossos filhos a temer o Senhor", ela diz. "Mas é só Deus que podem inspirá-los a temê-lo. Orar sempre pelos filhos adultos é uma bênção. Continue a orar pela coisa mais importante na vida. Reconhecer que não se pode mudar os seus filhos para que sigam Deus nos coloca de joelhos."

Cynthia fala como mudaram as suas orações por Andrea: "No começo, eu orava para que aparecesse um homem e colocasse o seu mundo de cabeça para baixo. Depois orava por proteção e orientação. Agora só quero que ela tenha o amor de Jesus — que ele abra os olhos e o coração dela."

Eu também oro por proteção e orientação enquanto a minha filha está distante — seja por um longo período ou por uma curta visita causada por um lapso na sua consciência. Quero que ela aprenda o que precisa aprender, mas não experimente males desnecessários enquanto estiver ali.

Fique em contato com outros

Como discutimos no capítulo 9, devemos ter cuidado com quem colocamos na lista de pessoas que precisam saber. Lembre-se de que você é a pessoa sábia, segura e cheia de compaixão que está nessa mesma lista de outra pessoa. Você é a pessoa que outra mãe machucada e confusa está procurando para acompanhá-la na jornada — não alguém perfeito, mas o irmão em Cristo que se preocupa com os filhos dele.

Lembro-me da primeira pessoa que me mostrou que era uma alma gêmea na questão de criação dos filhos: Donna. A sua filha era um desafio. Quando contei algo sobre Katie, ela tinha uma história similar sobre a filha. Ela respondeu com amor e compaixão por Katie e por mim, e eu soube que podia confiar nela.

Como mencionei no começo do livro, quando contei que as minhas filhas estavam tomando decisões que não me agradavam, muitos outros pais me encorajaram.

Quando você passa pela parte difícil no começo, é tentador se acomodar na sua nova e diferente (e um pouco inesperada!) vida. Quando outros se aproximam no começo ou meio de uma situação, a última coisa que você quer fazer é recomeçar ao ajudar outros pais na viagem deles. Fazer isso é ser parte do corpo de Cristo. Paulo nos desafia a ajudar os outros: "Bendito seja o Deus e Pai de nosso Senhor Jesus Cristo, Pai das misericórdias e Deus de toda consolação, que nos consola em todas as nossas tribulações, para que, com a consolação que recebemos de Deus, possamos consolar os que estão passando por tribulações" (2Coríntios 1:3-4).

Outros pais notaram que Jan e George são excelentes exemplos de pais amorosos acima de tudo. Mães são atraídas por Jan. A sua humildade, a sua capacidade de ensinar, a sua sabedoria e o seu amor pelo filho foram irresistíveis a essas mães que se sentiam sozinhas, sem ideia do que fazer e sem ajuda. Jan começou um grupo. Ela o descreve como "um lugar para ser verdadeira". Ela é um presente para essas mães, e vice-versa. Ela reconhece que é fácil se isolar e não se envolver na vida dos outros.

Claro, se aproximar dos outros é mutuamente encorajador. "Sistemas de apoio são maravilhosos", conta Cynthia.

Lembre-se das palavras de Lisa e James no capítulo 3: "Encontre outros casais com quem você possa se desafogar e orar junto. Isso evitará que você se afunde." Você percebe a transparência no comentários deles? Não tenha vergonha de ser verdadeira sobre a sua situação com amigos confiáveis. Honestamente, conte o que está acontecendo com o seu filho. Talvez até consigam rir juntos com a pergunta retórica "O que eles estão pensando?". Então encoraje e compartilhe o que está funcionando com você.

Sempre entregue os seus filhos a Deus

No verão passado, Katie se transferiu para uma faculdade diferente. Ela procurou apartamentos on-line. Escolheu dois lugares e nos mostrou. Eles pareciam bons e concordamos em emprestar o depósito. Ela queria resolver tudo sozinha, então não fomos ver os apartamentos com ela. Katie voltou para casa no dia seguinte e começou a conversa com aquele tom de voz que anuncia que não vamos gostar do que será dito: "Então, o apartamento custa quinhentos dólares e se Will dividir comigo só vai custar a metade."

Ótimo. Aqui vamos nós: de volta a dividir um apartamento com um cara — um amigo —, mesmo assim, ela sabia o que achávamos disso.

"Não vamos emprestar o depósito se essa for a situação", eu a lembrei.

"Eu sei. Will vai entrar com o depósito assim eu não preciso pagar nada." Katie tinha o seu plano pronto antes de sair para ver o apartamento. Ela sabia quais eram os nossos limites, mas economizar 250 dólares por mês era mais importante do que a nossa bênção sobre o seu plano.

É sempre uma montanha-russa com os filhos, não é mesmo? Bem quando achamos que eles estão no caminho certo por um tempo, chegam com aquele tom de voz que avisa: "Você não vai concordar com isso."

Essa montanha-russa exige que sempre entreguemos os nossos filhos para Deus. É um lembrete contínuo de que não estamos no controle e devemos continuar caminhando com fé. Lisa e James conhecem essa luta constante enquanto esperam que Greg "caia em si".

Lisa comenta: "Se eu confio em Deus? Sempre entrego o meu filho para ele."

James compartilha a luta. "É realmente pesado, desafiador e ameaçador para a minha fé. Por que isso aconteceu? Onde está Deus?

Encontro conforto nessa citação: 'Como crentes nem sempre podemos saber por quê, mas *sempre podemos saber por que confiamos em Deus que sabe porquê*, e isso faz toda a diferença.'"²⁷

Jan também conhece a sabedoria de comemorar as vitórias e de estar preparada para as quedas. Quando conversamos a primeira vez, David estava avançando em sua vida. Naquela época, Jan contou: "Estou grata, mas cautelosa." Recentemente, falei com ela, que disse que David "tomou o seu tombo anual e está mal... Ele é um jovem amoroso e tem potencial, mas também tem sérios problemas que nunca terminam. Então, oramos, mas seguimos em frente e tentamos desfrutar todas as incríveis bênçãos que recebemos de Cristo Jesus! Deus está trabalhando nas vidas dos nossos filhos."

Nesses anos de montanha-russa com David, Jan não se tornou nem cínica nem amarga, mas aceitou o seu novo normal. Ela comemora as vitórias de David, mas sabe que ele pode cair sem nenhum aviso e, quando isso acontece, ela precisa confiar em Deus ainda mais.

Isso nos leva de volta a discussão sobre o amor de Deus que começamos no capítulo 9. Em 1João 4:16 está escrito: "Assim conhecemos o amor que Deus tem por nós e confiamos nesse amor. Deus é amor." Quando um dos nossos filhos passa por altos e baixos, precisamos confiar no amor que Deus tem por nós e por eles. Devemos confiá-los ao Senhor durante toda a vida deles, não só quando elas estão indo de acordo com o nosso plano para eles.

É um processo

Os jovens que entrevistei concordaram que a vida deles era um processo e que os seus pais não poderiam ter feito nada a não ser *o que fizeram* para levá-los de volta a Deus. Era uma viagem só deles. Nós, os pais, estamos nessa viagem também. Jan nos lembra: "A cura é um processo. Você precisa estar disposto a ser curado e entregar tudo a Deus." Acredito que você fez importantes progressos desde que começou a ler este livro.

Se você ainda não decidiu, decida agora — vai aceitar esse convite de Deus para viajar com ele? O convite é apresentado a você através das circunstâncias criadas pelas decisões do seu filho. Deus

---

²⁷ GUINNESS, Os. *In Two Minds: The Dilemma of Doubt and How to Resolve It*. Downers Grove, IL: InterVarsity Press, 1976. p. 255. Grifo da autora.

vai usá-las, pois não pode usar nada mais para se mostrar para você — um conhecimento que você não ganharia de outra forma. Se você cooperar, ele fará mudanças na sua vida para aproximá-la da imagem do seu filho. Mas, como Jan falou, você deve estar disposta a se curar. Você vai precisar abandonar as expectativas em relação ao seu filho e à sua vida. Vai precisar responder à pergunta de Jesus: "Você quer ser curado?" (João 5:6). Ele fez essa pergunta a um homem que tinha ficado doente por 38 anos.

Geralmente queremos ficar no conforto da nossa doença em vez de aceitar o trabalho e o risco necessários para deixar aquela zona de conforto e ter uma vida saudável. Você vai deixar Deus curar a sua amargura em relação ao seu filho ou aos outros que não foram gentis? Vai deixar que ele cure o seu medo do futuro? Vai cooperar com ele quando começar o processo de cura ou vai arrancar a casca da ferida e deixar que ela continue sangrando?

Sei que é difícil. Você não precisa dar grandes passos ou fazer certa quantidade de progresso para avançar. Em um sermão, o conferencista mostrou algo visual sobre como progredir em direção a Deus quando não temos nada para dar. Ele mostrou um vídeo do seu bebê (com uns nove meses) no chão de madeira da sua casa. O filho dele queria se mover, mas ainda não conseguia engatinhar, nem mesmo se colocar na posição. Mas ele não se sentia desencorajado. O pequenino debatia todo o corpo para se mover pelo chão. O conferencista nos mostrou outra situação. Ele colocou o seu celular em uma superfície plana e pediu que alguém ligasse para ele. Quando começou a tocar, o celular começou a vibrar movendo-se pela superfície. Parecia muito com o seu bebê se debatendo no chão. Ele nos desafiou: "Se você não souber o que fazer ou como se aproximar de Deus, não pode simplesmente se debater na direção dele?"

Quando Deus prepara o seu coração para a cura, para o perdão e para a confiança, você está disposta a se mover na direção dele?

Essa decisão também exige, como declarou sabiamente Jan, entregar tudo a Deus — o seu filho, o seu orgulho, as suas esperanças e os seus sonhos, o seu futuro. Você vai repetir as palavras de Jesus no Jardim de Getsêmani: "Não seja feita a minha vontade, mas a tua" (Lucas 22:42)? É assustador porque não sabemos como atuará a vontade de Deus nas nossas vidas, mas sabemos que será para o nosso bem e para a glória de Deus. Como? Confiamos no amor de Deus por nós e pelos nossos filhos. Nada é mais importante do que isso na vida deles. Nem as percepções das outras pessoas. Nem um emprego seguro. Nem uma linda casa. Nem uma posição respeitável em uma igreja respeitável. Nem os nossos filhos vivendo o potencial que Deus colocou neles. A coisa mais importante na vida é deixar que Deus atue sobre eles e cooperar.

Essa não é uma jornada fácil, em parte porque sentimos que estamos sozinhos. Lembre-se: o nosso objetivo é não ser outro problema para os nossos filhos; é, até onde depender de nós, construir um relacionamento saudável com eles, porque sem esse relacionamento não temos nada — nenhuma influência, nenhuma forma de ajudar e nenhuma forma de lhes mostrar o caminho em direção a Deus. Haverá um momento em que teremos que falar com os nossos filhos sobre Jesus. Mas a forma como vivemos cada dia com eles será infinitamente mais poderosa e abrirá o caminho para as nossas palavras.

Dê o braço ao seu cônjuge e aos outros pais. Deus está com vocês durante essa viagem com o seu filho para que você o mostre que o ama acima de tudo!

APÊNDICE
O RESTO DAS HISTÓRIAS DELES

Como os jovens e os seus pais estão hoje

Eu gosto de conclusões! Pergunte ao meu marido; não consigo parar de assistir a um programa de TV ou filme enquanto não vejo o final, que geralmente inclui ler os créditos. Apesar de não termos um final agora ou nem mesmo nessa vida, quero contar para você onde estão os jovens e os pais que mencionamos neste livro. Nem todos estão felizes, mas assim é a vida real.

AARON, filho de Julie e Marty — está com vinte e poucos anos e estagiando. Casou-se há poucos meses e está indo bem como marido. Começou a pagar a dívida com os pais. Quando se arrependeu e voltou para casa (teve que buscar aconselhamento e conseguiu um emprego), Marty e Julie perdoaram o restante da dívida. Julie conta sobre a experiência: "Realmente ele amadureceu." Aaron, Julie, Marty e toda a família desfrutam uma relação amorosa, divertida e próxima.

ALLISON, filha de Donna e Bob — está chegando aos trinta anos. O casamento de Allison e Thomas não é tradicional por muitos motivos, mas parece funcionar para eles. Ela ama o seu trabalho e desfruta um relacionamento amoroso e divertido com os pais. Thomas prefere ficar na afastado. Ele se afastou de Deus e até se tornou hostil. A sua atitude em relação a Deus se tornou um obstáculo para terem filhos. Allison não quer forçar as áreas do casamento em que Thomas é inflexível. Donna sente que a filha sabe que tomou uma decisão e deve viver com as consequências. Donna e Bob encorajam a filha para que o casamento funcione. Donna conclui: "O meu papel é orar."

ANDREA, filha de Cynthia e Frank — está com quarenta anos. A sua personalidade difícil a impede de ficar por muito tempo em um emprego. Cynthia liga uma vez por semana, mas nem sempre consegue falar com a filha. "Ela sabe que a apoiamos. Está sempre falando isso. Pode vir para casa ou ligar. Sempre há uma porta aberta aqui", disse Cynthia.

ANDREW — depois de cinco anos de imersão na vida e nos relacionamentos da igreja, ele é um lindo exemplo do que significa quando Cristo renova todas as coisas.

BRENNAN, filho de Deb — casou-se com a namorada, e eles têm dois filhos. Abriu o próprio negócio.

DAVID, filho de Jan e George — está com mais de vinte anos. "Nos últimos meses, ele tomou o seu tombo anual e está mal... Ele é um jovem amoroso e tem potencial, mas também tem sérios problemas que nunca terminam. Então, oramos, mas seguimos em frente e tentamos desfrutar todas as incríveis bênçãos que recebemos de Cristo Jesus! Deus está trabalhando nas vidas dos nossos filhos." Jan e George continuam um relacionamento amoroso com David enquanto mantêm os limites saudáveis. "Ele morou conosco por dois meses, mas foi embora porque quis."

GRACE — está com mais de trinta anos. Ela, o marido e os filhos pequenos estão em uma viagem missionária. Ela é apaixonada pelo seu trabalho para Deus. Os pais dela deram espaço para que ela processasse os seus problemas e voltasse para Deus, e foi o que aconteceu. Ela e os pais começaram a trabalhar no relacionamento deles. Agora são parceiros no campo missionário e adoram trabalhar juntos.

Greg, filho de Lisa e James — está perto de completar quarenta anos. Não tem casa nem emprego. Recusou todo tipo de ajuda e cansou todos que quiseram ajudá-lo. Lisa e James estão prontos, de braços abertos, esperando que ele se arrependa e volte. Até isso acontecer, decidiram manter os seus limites. Os seus corações continuam a sofrer com as escolhas de Greg.

Isaac — vai completar quarenta anos. Ele se reaproximou de Deus (graças às orações dos pais, tenho certeza). É diretor da missão masculina para os sem-teto.

Jeremy, filho de Connie e Robert — ainda é jovem e está tentando encontrar o seu caminho. Os pais continuam a lutar para estabelecer um relacionamento com ele e a criar limites razoáveis.

Keith — está quase com quarenta anos. Ele, a esposa e os três filhos são missionários no exterior. Adoram o ministério. Os pais de Keith apoiam totalmente o filho e desfrutam de um relacionamento próximo e amoroso.

Nathan, filho de Susan e Gary — está com mais de trinta anos. Está vivendo na casa dos pais e possui um bom relacionamento com eles. Voltou para a faculdade e trabalhou durante todo o preparatório para tal — sozinho, preencheu os documentos, pediu empréstimo e assim por diante. Está tentando encontrar um apartamento. Vai à igreja com os pais. O seu maior desafio é conseguir novos amigos e não voltar a andar com os antigos, onde a tentação é forte. Um dos seus familiares conta: "Ele e Deus estão juntos nesta batalha." Não é isso que queremos para os nossos filhos: que estejam juntos com Deus e trabalhando com um objetivo comum? Quero compartilhar mais uma citação promissora de Nathan: "Agora estou vendo um mundo diferente que Deus abriu para mim — o mundo em que me sinto bem. Sempre amei Deus o tempo todo, mas dificultei a minha própria vida."

Katie, filha de Gene e Brenda (sou eu!) — está com 25 anos. Vai se formar na faculdade em menos de um ano e planeja fazer mestrado. O nosso relacionamento continua a crescer. Nós a amamos, apoiamos e encorajamos. No último Dia dos Namorados, ela fez cartões para cada membro da família (é assim que as artistas fazem!). O cartão de Gene dizia: "Pai, meu herói, amo você!" E o meu cartão estava dizendo: "Mãe, amo você!" Como falei nas páginas anteriores, Katie ainda tem muitas visões que são diferentes das nossas. Mas estamos avançando como família e ela, na sua vida.

PERGUNTAS PARA REFLEXÃO E DISCUSSÃO

CAPÍTULO 1: QUEM É VOCÊ E O QUE FEZ COM O MEU FILHO?

1. Pegue uma foto do seu filho quando ele estava na pré-escola ou no jardim e escreva umas frases sobre como você achava que seria a vida dele. Tudo bem ficar triste pelo que não aconteceu. A sua vida também é diferente da que os seus pais queriam.

2. Quando olhar para a foto do seu filho, liste o que mais gostava dele naquela idade. Depois faça outra lista (mesmo se for curta) do que adora no seu filho agora. Procure coisas para agradecer. O que parece ser um ponto fraco em uma criança é um ponto forte no adulto. Acredito que a determinação de Katie de viver do jeito dela (também chamado como ser uma cabeça-dura) ajudou para que resistisse às pressões dos outros para se envolver em outras tentações.

3. Se a personalidade do seu filho é diferente da sua ou vocês se desentendem, ore e encontre um adulto que possua uma personalidade parecida. Reúna-se com ele e tente descobrir como e o que o seu filho está pensando.

4. Descreva o seu filho como uma criança — personalidade, características, interesses e assim por diante.

5. Descreva a relação com o seu filho durante a infância dele.

6. Você sabe de algum incidente ou série de incidentes que podem ter influenciado o seu filho a escolher um caminho com o qual você não concorda? Discuta.

7. O que você acha da fórmula cristã de criação que, se seguida fielmente, garantiria o amadurecimento da sua família sem qualquer problema?
8. Quais foram os seus pensamentos quando leu em Gênesis sobre o péssimo comportamento dos primeiros filhos de Deus? Esses pensamentos eram novos para você? Que conforto e encorajamento recebeu dessas passagens?

9. Você já pensou ter feito algo que levou o seu filho a tomar decisões erradas? Não estou distribuindo culpa — só quero ajudá-la a processar pensamentos, talvez pela primeira vez.

10. Seja honesta e verdadeira — você quer ser como o pai em Lucas 15 com os braços abertos para quando o seu filho voltar para casa?

Capítulo 2: Do que estamos falando?

1. Em um cartão, escreva as decisões atuais e anteriores em que você e o seu filho discordam. Coloque cada decisão debaixo de um título apropriado (preferência, besteira, imoral ou ilegal).

2. Em um segundo cartão, escreva o versículo mais importante para você em relação ao amor e misericórdia de Deus. Alguns versículos podem ser Deuteronômio 31:8; Salmo 103:8-14 e 118:6; Isaías 40:11 (para você e para o seu filho!) e 49:15; Romanos 8:1; Hebreus 13:5.

3. Essa semana, quando estiver cansada do seu filho, ore em cima desses versículos.

4. Seja honesta: quais decisões do seu filho foram uma preferência — *dele*, não *sua*? Tire-as da sua lista de besteiras e imoralidades e coloque-as na lista correta.

5. Você já reagiu de maneira exagerada? Dê alguns exemplos desses momentos, escrevendo os detalhes daquelas situações.

6. Quais das suas escolhas atuais (ou passadas ou hábitos) tontas, imorais ou ilegais você se sente grata por ter a misericórdia da cobertura de Deus?

7. Você já se colocou entre o seu filho e as consequências que ele merecia? Conte.

Capítulo 3: Nem tudo tem a ver com você

1. Quem vai acompanhá-la nessa jornada? Quem já passou por isso — mãe ou filho? Entre logo em contato com essas pessoas e peça apoio.

2. Em um cartão, responda a pergunta de Jan: "Isso é realmente importante? Em dois ou três anos, isso vai continuar a ser importante?"

3. Quantos dos seus motivos são alimentados e influenciados pela opinião de outras pessoas ou do seu orgulho?

4. O que a aflige e a entristece porque não estará mais na vida que você imaginou para si mesma?

5. O que já foi importante mas pode ser descartado nesse momento para manter o relacionamento saudável com o seu filho?

6. Liste as suas decisões no passado que não agradaram aos seus pais. Agora acrescente as que foram tolas, temerárias, imorais ou ilegais, e as que você se arrepende de ter tomado. Como gostaria que os seus pais tivessem respondido a essas decisões?

7. Você se perdoou pelas suas decisões anteriores? Quem mais poderia ter que perdoar em relação ao seu passado?

Capítulo 4: O que estou fazendo errado?

1. Você se vê se afastando dos seus filhos como os pais...
   - "servos" — Tenta atrair o seu filho exagerando nos elogios?
   - "que desistem" — Já fez tudo que podia; é o fim?
   - "te pegamos" — Sempre remói os problemas?

- "passivos-agressivos" — Recusa-se a lidar com as decisões do seu filho de uma forma honesta e direta? Você age de forma calma e sem afetação quando as suas emoções estão fora de controle?
- "amedrontados" — Sente que um movimento errado da sua parte vai fazer com que o seu filho se rebele ou vá embora e você nunca mais o veja?
- "comparam-desesperam" — Compara os pontos fracos do seu filho contra os pontos fortes de outra pessoa?
- "controladores" — Tenta controlar o seu filho ganhando o controle da situação?
- "você-está-arruinando-a-nossa-vida" — Deixa claro para o seu filho como ele está afetando negativamente a *sua* vida?
- "do-nosso-jeito-ou-de-jeito-nenhum" — Acredita que há duas maneiras de fazer as coisas na vida — a sua e a errada?

2. Que estilo de criação você vê mais em si mesmo? Por que o escolheu? Que comportamento seu (palavra, ação ou pensamento) a fez escolher tal estilo?

3. Você se compromete a parar de ter esse comportamento? Faça um *brainstorm* com um grupo ou com o seu marido para encontrar um comportamento diferente com o qual vai mostrar ao seu filho que o ama acima de tudo.

4. Tempo para um passeio pela memória. Conte a um grupo ou ao seu marido um problema que discordou dos seus pais quando era jovem e que achou que estava certa. Como terminou essa situação?

5. Uma das primeiras coisas que me lembro de mudar na minha forma de criação foi encontrar uma lista de tópicos seguros que podia discutir com Katie para reconstruir o relacionamento com ela. Às vezes, essa lista era bastante superficial, mas permitia que seguíssemos conversando e atravessássemos os buracos na estrada do relacionamento. Liste entre dois e quatro tópicos que você pode discutir com o seu filho.

Capítulo 5: O que é seu e o que não é

1. Estabeleça um tempo para pedir perdão ao seu filho. Prepare o seu coração com orações. Essa conversa será sobre você assumindo a sua parte e não esperando nada em troca do seu filho. Sente-se humilde aos pés de Deus e deixe que ele lhe mostre o que precisa confessar. Deixe que ele mostre o coração dele, assim você pode entender o que é o principal — começar uma relação saudável com o seu filho — e até onde isso depende das suas ações (Romanos 12:18).

2. Você trata o seu filho e a sua família com respeito? Confira a sua resposta com o seu marido ou amigo próximo. Se você respondeu *poderia ser melhor*, talvez seja hora de começar um "cofre do desrespeito" para a família. Bobo, eu sei, mas às vezes coisas bobas funcionam em situações tensas. Nós tínhamos um pote na mesa da cozinha. Sempre que alguém dizia algo negativo sobre outra pessoa ou falava algo desrespeitoso, colocava uma moeda no pote. O dinheiro pode ser usado para a família se divertir.

3. Nos cartões, liste três pedidos em orações para cada um dos seus filhos. Use o formato abaixo.

    - [Alto do cartão] Deus, sei que você ama os meus filhos mais do que eu e só quer o melhor para eles. Ajude-me a vê-los com os seus olhos e o seu coração.
    - Orações para (Filho 1):
    - Orações para (Filho 2):

    Que pelo menos uma das suas orações tenha algo que você possa dividir com o seu filho no final do ano. Guarde esses cartões com você e ore por eles durante o dia.

4. Até que ponto você luta com a sua culpa de mãe? Já falou ou pensou algo do que está abaixo?

    - "É tudo culpa minha."
    - "Eu poderia ter sido uma mãe melhor."
    - "Meu filho está confuso e não é culpa minha."

5. Liste a sua parte nas brigas. Se precisar de ideias, olhe a lista deste capítulo.

6. Liste a parte do seu filho nas brigas. Isso não deve servir para se agarrar ao negativo, mas ajudará a isolar as questões reais. Assim, nem tudo se transforma em um problema.

7. Depois que leu os *Pensamentos da Katie* sobre o seu processo de tomada de decisões, o que acha do seu filho e da situação que ele está enfrentando? Como as ideias de Katie a ajudam a entender melhor o seu filho?

8. Como as definições de *bater*, *pedir* e *procurar* mudam a forma como você ouve Jesus falando essas palavras para você? Como vão mudar as suas orações pelo seu filho?

9. Parte da sua luta como mãe é esperar que Deus fique dentro das nossas definições de "bom" para os nossos filhos. Katie recentemente me contou que ela era grata por tudo que tinha passado porque aquilo a tinha feito ser a incrível (as minhas palavras, não dela) jovem que é hoje. Olhando para trás, ela vê o ruim como algo bom para ela. Conte como Deus usou os momentos difíceis na sua vida para o seu bem. Coloque, em orações, o seu filho nas mãos de Deus para realizar o bem da forma como o Senhor quer.

Capítulo 6: Eles acham que você é Deus (não de verdade, mas é quase isso!)

1. Da lista de características de Deus deste capítulo, pegue uma que você não conseguiu mostrar ao seu filho:

   - compaixão
   - graça
   - lentidão para ficar bravo
   - amor
   - paciência
   - disponibilidade

Discuta com um grupo ou com o seu marido uma forma de mostrar essa característica de Deus ao seu filho. Escreva as suas conclusões.

2. Você acreditou em alguma das mentiras listadas no capítulo 6? Se acreditou, em quais? Escreva as mentiras que você acredita lhe impedir de confiar em Deus e de mostrá-lo ao seu filho. Todo dia dessa semana, leia a Escritura correspondente que ataca aquela mentira. Deixe que Deus, em oração, modifique a sua mente e aceite a verdade e a cura dele.

3. Dê a sua resposta à pergunta de Claudia: "Quando você percebeu o amor de Deus?"

4. Se você foi criada na igreja, ali se ensinava uma visão equilibrada do amor e da justiça de Deus ou um lado era mais importante que o outro? Se não foi criada na igreja, descreva a visão de Deus que você tinha.

5. Qual impressão de Deus você recebeu dos seus pais?

6. Da lista de características de Deus, quais você mostra ao seu filho?

CAPÍTULO 7: ENTÃO ASSIM AGE UMA MÃE LEGAL

1. Discuta com o seu marido os limites não negociáveis e faça uma lista em seguida. Há algo que é novo para o seu filho? Durante um momento sem conflitos, com decisão e sem emoção, informe aos seus filhos sobre a "mudança de política". Não é necessário discutir sobre isso.

2. Durante essa semana, sente-se com o seu marido e determine a política financeira. Se ela mudar o *status quo*, inclua na reunião sobre limites não negociáveis presentes no item anterior.

3. Pense em uma maneira, não importa se for simples, de como se envolver na vida do seu filho essa semana. Eu listei algumas ideias. Não deixe que se passem sete dias sem ter feito uma delas.

- Leve o seu filho para tomar um café/almoçar/jantar.
- Mande por correio ou entregue ao seu filho um pacote de compras. Inclua itens como café, biscoitos, roupas, cadernos, cartões e um bilhete de encorajamento.
- Convide o seu filho para jantar e ver um filme.
- Ligue sem motivo.
- Deixe a tecnologia trabalhar a seu favor — escreva mensagens de celular, em redes sociais ou e-mails com uma palavra de encorajamento, uma foto engraçada ou algo que você encontrou na internet e que vale a pena compartilhar.

4. Qual faceta sua pode ajudar a se conectar com o seu filho? De que forma você poderia usar essa parte da sua personalidade para se conectar com ele no próximo mês?

5. Domine a área na qual o seu filho consegue deixá-lo sempre bravo. Por quê? Por causa da importância de construir um relacionamento saudável com ele. Como você vai lidar com essa situação da próxima vez?

6. Por falarmos nisso, que tópico ou questão na vida do seu filho você comenta com frequência — em outras palavras, quais funções dele você sempre requisita? Faça um compromisso com o seu marido, grupo ou amigo de que vai ficar de boca fechada da próxima vez que quiser fazer um comentário pouco construtivo sobre a vida do seu filho.

7. Se eu entrevistasse o seu filho, ele responderia como Nathan, que disse que mesmo quando causava problemas aos pais, sabia que eles o amavam de verdade e ouviam o que ele tinha a dizer? Se não, o que a separa do seu filho?

8. Pense em uma relação na qual você se sente segura de quem é. E se a outra pessoa faz com que você se sinta assim? Como poderia oferecer esse mesmo presente ao seu filho?

9. É difícil deixar que o seu filho aguente as consequências dos seus atos? Por quê? Você vê a necessidade dele lidar com as

consequências? Comprometa-se com o seu cônjuge ou com um amigo de que não vai interferir da próxima vez e dê a essa pessoa permissão para cobrá-lo. Se você tem o hábito de interceder pelo seu filho, confesse calmamente o seu pecado ao fazer isso, peça perdão e depois diga que não vai mais fazer isso no futuro.

Capítulo 8: A curva de aprendizado

1. Você é uma mãe que fica no palco ou uma mãe que se sentou no meio da plateia? Se é uma mãe do palco, escreva um pedido de perdão ao seu filho por se meter na vida dele e, em seguida, diga que vai se sentar na plateia e deixar que ele saiba o quanto torcerá por ele. Se você já está na plateia, ofereça uma palavra de encorajamento ou dê um presente por algum momento especial com você.

2. Se o seu filho está vivendo em um país distante, você envia um servo com dinheiro para que ele possa viver? Permite que o seu filho viva de maneira confortável nesse país distante? Se estiver, escreva o que você pode fazer agora para ele sentir as consequências das suas más escolhas. Date o seu compromisso e faça com que um amigo de confiança, outro casal, o seu conselheiro ou outra pessoa, seja testemunha.

3. Eu gosto de avisos visuais. Para ajudá-la a se lembrar de seguir com a sua vida, assim "contendo a crise" do seu filho, encontre um recipiente (pode ser um pote), encha com terra e plante uma flor ou outra planta pequena. Regue essa planta preciosa e cuide dela. Deixe que sirva como um lembrete de que apesar de você amar e cuidar do seu filho, a vida dele é só uma parte da sua, e de que você precisa seguir em frente.

4. É difícil manter as expectativas baixas em relação ao seu filho enquanto ele está passando por essa fase? Se já mantém as expectativas baixas, dê um exemplo.

5. Vamos tentar nos afastar sem cortar relações. Peça a um amigo para fingir ser o seu filho e apresente uma situação que poderia acontecer com ele. Dê ao seu "filho" conselhos bíblicos, sem emoções.

6. Você entende que esse processo tem a ver com você e com o seu filho? O que Deus está falando com você sobre as coisas que é preciso mudar? Escreva tudo e acrescente uma ou duas linhas prometendo a Deus que vai cooperar com a forma como ele está trabalhando em você.

7. Qual é o problema do seu filho? Você precisa aprender mais sobre isso para poder ajudá-lo e ajudar a si mesma? Veja os recursos no fim do livro. Encontre ajuda.

8. Como as decisões do seu filho afetam o seu casamento? Revise as sugestões deste capítulo e decida qual poderia ajudar você e o seu cônjuge. Se nada parece servir, converse com um casal ou amigo de confiança pedindo sugestões sobre quem procurar.

Capítulo 9: Todo mundo conversa

1. Você luta para absorver a realidade do amor incondicional de Deus por você? Não se preocupe, é um processo. Na próxima semana, toda manhã antes de sair da cama, medite sobre Sofonias 3:17: "O Senhor (...) se regozijará em você, com o seu amor a renovará, ele se regozijará em você com brados de alegria." Com quem você vai compartilhar esse amor e como vai fazer isso?

2. Vamos seguir o conselho de Jan e criar uma curta resposta para aqueles que se intrometem ou oferecem conselhos sem que tenhamos pedido. A resposta dela era: "Sou muito grata pela forma como Deus está trabalhando na vida dele." Meu avô tinha algumas respostas inteligentes para perguntas enxeridas. Uma era: "Por que você iria querer saber algo assim?" Sei que é uma resposta tola para um assunto sério, mas talvez esse seja o seu estilo. Escreva algumas respostas em um cartão, assim você já estará pronta.

3. Como você se sente em relação a criar uma lista de pessoas que precisam saber o que está acontecendo, que se importarão e ajudarão o seu filho e você? Quem está nessa sua lista? Outros pais? Profissionais? Jovens adultos que já passaram pelo mesmo que o seu filho? Quem você precisa acrescentar? Ore pedindo orientação e depois faça o contato.

4. Se a sua igreja não está ajudando na sua situação específica, considere através da oração se uma igreja diferente não ajudaria a sua família. Lembre-se: a sua igreja local é uma pequena parte do corpo de Cristo. Outras igrejas são parte do mesmo corpo e pode frequentá-la também.

5. Como a sua atitude mudou em relação aos jovens na sua igreja que não estavam "seguindo as regras" depois que os seus próprios filhos não as seguiram?

6. Discuta a diferença entre as definições de *julgar* — (1) condenar ou punir e (2) investigar, determinar ou questionar. Qual é a diferença na atitude entre as duas? Qual é a sua tendência?

7. Como você (ou se você) confia no amor de Deus a cada dia? Em que mais você confia? Na nossa cultura há muitas opções — os empregos, as "outras metades" tecnológicas, a boa saúde, os cônjuges, os cargos na igreja e assim por diante. Se você não tivesse nada disso, então confiaria no amor de Deus?

8. O que é necessário para você conhecer e se sentir aceita e estimada por Deus? Ter essa paz apesar de tudo que acontece na sua vida? Conhecer e aceitar que o sangue de Cristo a limpou do seu passado e você não tem mais remorso? Lembre-se de Romanos 8:1 (ACF): "Portanto, agora nenhuma condenação há para os que estão em Cristo Jesus, que não andam segundo a carne, mas segundo o Espírito." Você vai confiar no amor de Deus e dividi-lo com os outros?

9. Você não acreditou que o seu filho poderia estar envolvido com algo errado? Como descobriu que havia algo estranho? Se for apropriado, você vai agradecer as pessoas que contaram sobre o comportamento dele?

Capítulo 10: Final feliz

1. Tire fotos (ou vídeos) de você e dos seus filhos se divertindo e criando lembranças quando jovens. Coloque algumas delas na sua Bíblia ou no seu diário e as use como forma de encorajamento quando orar. Se possível, peça ao seu filho para contar algumas das melhores lembranças do que você fez com eles. Escreva em um cartão e coloque-o junto com a foto.

2. Se você ainda não pediu, peça nesse momento a Deus que outra mãe ore com você (mesmo que pelo telefone) pelo seu filho. Faça o contato e marquem o horário.

3. Você está dentro ou fora? Vai fazer tudo que for necessário para ser parte da vida do seu filho? Confirme esse compromisso em voz alta ao seu grupo ou ao seu marido.

4. Se você decidiu fazer tudo que for necessário para ser parte da vida do seu filho, em que ponto está nessa viagem? Está deixando que Deus a cure? Aqui está um plano para cooperar com a cura de Deus.

   - Quando sentir Deus mudando os seus pensamentos sobre uma pessoa ou situação, em vez de voltar para a amargura, escolha o perdão. Pense no bebê se arrastando no chão de madeira ou coloque o seu telefone para vibrar e peça que alguém ligue. Só se arraste em direção a Deus, mesmo que não consiga dar um grande passo.
   - Quando sentir o medo chegando, reconheça-o e não deixe que ele controle os seus pensamentos. Em vez disso, entregue-o a Deus e confie no seu amor. Fale: "Isso é medo. Faz com que eu ignore Deus na minha vida. Deus é amor e eu confio no amor dele por mim e pelo meu filho." Quando

surgir um pensamento que a tenta a revisitar dores do passado ou organizar uma festa da autolástima, interrompa-o e repita o processo acima, falando a verdade sobre o envolvimento de Deus na sua vida. Eu gosto muito do versículo Josué 1:5 (ACF): "Não te deixarei nem te desampararei." Então, continue o seu dia.

5. Certo, agora todos sabemos que não somos pais perfeitos e provavelmente temos uma longa lista de "deveríamos ter feito isso". Como é que você vai começar a construir o relacionamento com o seu filho essa semana? Talvez começar com um cartão dizendo como está triste pelo passado e quanto o ama.

6. A sua família está desfrutando a vida ou vive com uma nuvem negra em cima da cabeça? Eu sei que é fácil deixar essa nuvem estacionar em cima da sua casa. Lembro das nossas primeiras férias sem Katie. Sentimos saudades dela e vice-versa. Ela poderia ter vindo, mas não queria comprometer toda uma semana conosco. Nos divertimos mesmo assim — pelo menos até Kelsey e Kerry terem descoberto a TV a cabo. Faça pelo menos uma coisa divertida (jantar, filme, férias) como família ou casal. Se o seu filho pródigo quiser se juntar, ótimo. Se não, a vida continua.

7. Como você vai ajudar outros pais? Quando se aproxima dos outros, pense no que precisava no começo da sua experiência: aceitação, alguém que ajudasse e algo prático para seguir em frente.

8. É muito difícil confiar o seu filho a Deus o tempo todo? Você confia no amor dele por você e pelo seu filho? Você e Deus têm o controle de tudo!

Com Deus, você pode fazer a diferença na vida do seu filho. Minha oração para você é que se aproxime de Deus, deixando que ele a conforte, a guie e a mude. Eu oro para que o seu filho se aproxime de Deus. Oro por um relacionamento saudável, amoroso e com a glória de Deus para você e para a sua família.

FONTES

Alcoólicos Anônimos. Visite http://www.alcoolicosanonimos.org.br

Boundaries: When to Say Yes, When to Say No to Take Control of Your Life do dr. Henry Cloud e dr. John Townsend (Grand Rapids: Zondervan, 1992).

Boundaries with Kids: How Healthy Choices Grow Healthy Children de Lisa Guest, dr. Henry Cloud e dr. John Townsend (Grand Rapids: Zondervan, 1998).

Boundaries with Teens do dr. John Townsend (Grand Rapids: Zondervan, 2006).

The Five Love Languages of Children do dr. Gary Chapman e dr. Ross Campbell (Chicago: Northfield Publishing, 2010).

The Five Love Languages of Teens New Edition: The Secret to Loving Teens Effectively do dr. Gary Chapman (Chicago: Northfield Publishing, 2010).

Focus on the Family — ONG com programa de rádio e website com informação útil sobre todas as questões que as famílias enfrentam. Visite http://www.focusonthefamily.com/ ou entre em contato diretamente para pedir ajuda em http://family.custhelp.com/app/home.

Teen Challenge — a missão deles: "Fornecer aos jovens, aos adultos e às famílias uma solução eficiente e total baseada na fé cristã para problemas com drogas e álcool, a fim de voltarem a ser membros produtivos da sociedade. Aplicando os princípios bíblicos, a Teen Challenge tenta ajudar as pessoas a se tornarem mentalmente saudáveis, emocionalmente equilibradas, fisicamente bem e vivas espiritualmente." Visite http://teenchallegeusa.com/program.

Este livro foi impresso em 2014, pela Edigráfica, para a Thomas Nelson Brasil.
A fonte usada no miolo é Iowan Old Stile corpo 10,5.
O papel do miolo é avena 80g/m², e o da capa é cartão 250g/m².